特別支援学校における

介護等体験ガイドブック

新フィリア

全国特別支援学校長会
全国特別支援教育推進連盟
編著

ジアース教育新社

教員を目指す皆様へ

文部科学省初等中等教育局特別支援教育課長

　平成10年4月から「小学校及び中学校の教諭の普通免許状授与に係る教育職員免許法の特例等に関する法律」、いわゆる「介護等体験特例法」が施行され、小学校及び中学校の教諭の普通免許状の取得に当たっては、特別支援学校や社会福祉施設等で7日間の「介護等の体験」の履修が義務付けられました。これは、義務教育に従事する教員に、「個人の尊厳及び社会連帯の理念に関する認識」を深めてもらい、義務教育の一層の充実を期することを趣旨として始まったものです。同法により、教員を志す多くの方々がこの体験をされてきました。

　特別支援教育を巡る動向としては、少子化の時代にあって義務教育段階の児童生徒数が減少傾向にあるなか、特別な支援を必要とする児童生徒数は増加傾向にあります。平成19年の特別支援教育本格実施以降、就学先決定の仕組みの改正等を行った平成25年の学校教育法施行令一部改正、平成26年の「障害者の権利に関する条約」の批准、平成28年の障害者差別解消法の施行や発達障害者支援法の改正等、様々な制度改正等が図られてきたところです。

　平成29年3月から平成31年2月にかけて、幼稚園、小学校、中学校、高等学校、そして特別支援学校の学習指導要領等の改訂を行いました。特別支援学校ではもちろんのこと、幼稚園、小学校、中学校、高等学校の学習指導要領等においても、個々の児童生徒等の障害の状態等に応じた指導内容や指導方法の工夫を組織的かつ継続的に行うことや、特別支援学級、通級による指導を受ける児童生徒について個別の教育支援計画・個別の指導計画を全員作成すること、交流及び共同学習の機会を設けること等、特別支援教育に関する記述を充実したところです。さらに、特別支援学校の児童生徒等及び特別支援学級、通級による指導を受ける児童生徒の個別の教育支援計画の作成については、平成30年8月に学校教育法施行規則を改め、省令にも位置付けました。

　本書を手に取る皆さんが将来活躍される学校においても、特別支援学級、通常学級を問わず、特別な支援を必要とするお子さんがいらっしゃることでしょう。特別支援教育は、特別支援学校だけでなく、特別な支援を必要とする児童生徒等が在籍する全ての学校において実施が求められています。令和元年度から、全ての教職課程において特別支援教育に関する科目が1単位以上必修とな

りました。さらに、特別支援学校で行われる子供一人一人の教育的ニーズに応じた指導や支援を体験することは、将来教育現場に立つ皆さんにとって、必ず役に立つ貴重な経験・財産となると確信しております。

　話は変わりますが、戦後の混乱の中、知的障害児等の入所・教育・医療を行う施設を設立するなど、知的障害児・者への支援に長年取り組まれた池田太郎氏は、障害者は、①働きたい、②無用の存在でなく有用の存在と思われたい、③みんなと一緒に暮らしたい、④楽しく生きたいという４つの願いをもっていると述べました。このような障害者の願いの実現に向けて取り組むことは、教育や福祉に携わる者にとっての責任・使命でもあり、喜びでもあると思います。特別支援教育は、障害のある児童生徒等への教育にとどまらず、障害の有無やその他の個々の違いを認識しつつ様々な人々が生き生きと活躍できる共生社会の形成の基礎となる大切なものです。ぜひ、特別支援学校での「介護等の体験」を通じ、特別支援学校の子供たちや先生方等との関わりの中で様々なことを学び、将来どのような教員になりたいのか、イメージを膨らませる機会にしてください。

　本書は、全国特別支援学校長会及び全国特別支援教育推進連盟が、近い将来教員として活躍される皆さんに向けて、特別支援教育や障害のある子供との関わり方などについてわかりやすく解説したものです。本書を十分にご活用いただき、「介護等の体験」をより有意義なものとするとともに、特別支援教育への理解と関心を深めていただければ幸いです。

教員を目指す皆さんへ

～特別支援学校でお待ちしています～

全国特別支援学校長会

　大学で教職課程を履修し、小・中学校教員免許状を取得しようとしている皆さんは、法律の定めにより、特別支援学校に2日間、社会福祉施設に5日間の「介護等体験」が必修となっています。平成10年から始まり、20年以上の歴史のある制度なので、我が国の教員の大半は、特別支援学校で障害のある子供たちと接した経験があることになります。

　2日間の体験ですが、皆さんの多くの先輩方は「特別支援学校の子供たちと関わって、障害のある子供たちやそこで働く教員の実際の姿を見て、有意義な時間を過ごせた」「視野を広げることができたので、将来の仕事に生かしたい」など、様々な感想を寄せてくれています。

　子供たちも、学生の皆さんとの関わりによって、自分の思っていることを伝えたり、頑張りを見てもらったりすることができ、貴重な時間となっています。

　この本は、これから介護等体験に取り組む皆さんに、事前に学んでいただきたいこととして、「介護等体験の意義や目的」「障害の理解」「特別支援学校、特別支援教育の仕組や内容」「共生社会の目指すべき姿」等について、さらには「介護等体験の実際」と守っていただきたい「ルールとマナー」について、まとめたものです。

　これまで2分冊に分かれていた『介護等体験ガイドブック　フィリア』と『フィリアⅡ　介護等体験　ルールとマナー』を『新フィリア』として1冊にまとめ、学びやすいものとしました。

　今回の『新フィリア』には、次の5つの特長があります。
①介護等体験の意義や背景がわかるように、簡潔に短い文章でまとめた
②特別支援学校の教育内容や教育課程を、わかりやすく解説した
③体験の内容や守ってほしい「ルールとマナー」を、具体的に記述した
④章末にワークシートを入れて、自己学習をしやすくした
⑤障害のある子供の保護者、また当事者（特別支援学校の児童生徒）の思いを文章にまとめた

特に⑤の保護者や当事者の思いについては、今回、全国特別支援教育推進連盟が全国のＰＴＡ連合会や親の会の方々を訪ねて依頼し、介護等体験を受ける学生の皆さんへの熱いメッセージを寄稿していただくことができました。⑤（Ⅵ章）についてはぜひ、介護等体験を受ける前に必ず読んでいただき、この体験における意義を、それぞれが考えていただきたいと願います。

　法律や制度が変わり、世の中のバリアフリーが進んで、障害のある人とない人とが接する機会は増えてきました。特別支援学校と小・中学校、高等学校等との交流及び共同学習の機会も広がり、通常の学級で学んでいる障害のある児童生徒の支援方法も、改善・工夫がなされるようになりました。皆さんが所属する大学や大学院においても、障害のある学生と共に学ぶ機会があると思います。

　教員になる皆さんは、障害のある子供たちと向き合い、子供たちの力を伸ばすために、方法や対応を工夫しながら指導をする仕事に就きます。また、教職ではなく公務員や一般企業の会社員になる方も、企業等では障害のある方を雇用し、障害のない方たちと共に働き、組織目標の達成に努力をしていきます。

　障害のある、なしにかかわらず、誰もが学ぶ喜びと自分の成長を実感し、身に付けた力をもって、誰かのために力を発揮できる生き方を目指し、学校は教育活動を続けています。介護等体験に臨まれる皆さんには、２日間の体験ではありますが、互いに個性を認め尊重し合い、共に生きる「共生社会」の担い手の一人として、皆さんのこれからの人生に大きな意味をもつ「介護等体験」にしてください。

　私たち全国の特別支援学校は、皆さんの積極的な参加と学びに、心から期待をしています。教職を目指す方には、ぜひ、子供たちや保護者の思いに寄り添える、素敵な先生を目指していただきたいと考えます。

　皆さんにとって意義ある介護等体験になりますよう、この本を活用し特別支援学校にお越しくださることを、心からお待ちしております。

教員を志す学生の皆様へ

. . . .

全国特別支援教育推進連盟

　平成9年6月に公布された「小学校及び中学校の教諭の普通免許状授与に係る教育職員免許法の特例等に関する法律」（いわゆる「介護等体験特例法」）は、平成10年4月から施行され、小学校及び中学校の教諭の普通免許状の取得に当たって、特別支援学校や社会福祉施設等での介護等体験の履修が義務付けられました。小学校及び中学校の教員を志す皆さんが個人の尊厳及び社会連帯の理念に関する認識を深め、教員としての資質の向上を図り義務教育の一層の充実を期する観点から制定されたものです。

　この法律によって義務付けられた介護等体験は、今日の時代が求める教員にふさわしい資質・能力の向上を図るうえでますます重要な役割を担っていると私は考えています。

　我が国は、平成26年1月に「障害者の権利に関する条約」に批准しました。この条約ではインクルーシブ教育システムが提唱され、その推進が求められています。一人一人の子供たちが、障害の有無やその他の個々の違いを認め合いながら共に学ぶことを追求することは、誰もが生き生きと活躍できる社会を形成していくことでもあるのです。

　平成29年春に告示された学習指導要領は、この「障害者の権利に関する条約」の条文（第24条「教育」）を念頭においた改訂がされています。学習指導要領告示に先立つ中央教育審議会答申では、「障害者の権利に関する条約に掲げられたインクルーシブ教育システムの構築を目指し、子供たちの自立と社会参加を一層推進していくためには、通常の学級、通級による指導、特別支援学級、特別支援学校において、子供たちの十分な学びを確保し、一人一人の子供の障害の状態や発達の段階に応じた指導や支援を一層充実させていく必要がある。その際、小・中学校と特別支援学校との間での柔軟な転学や、中学校から特別支援学校高等部への進学などの可能性も含め、教育課程の連続性を十分に考慮し、子供の障害の状態や発達の段階に応じた組織的・継続的な指導や支援を可能としていくことが必要である。そのためには、特別支援教育に関する教育課程の枠組みを、全ての教職員が理解できるよう、小・中・高等学校の各学習指導要領の総則において、通級による指導や特別支援学級（小・中学校のみ）におけ

る教育課程編成の基本的な考え方を示していくことが求められる。また、幼・小・中・高等学校の通常の学級においても、発達障害を含む障害のある子供が在籍している可能性があることを前提に、全ての教科等において、一人一人の教育的ニーズに応じたきめ細かな指導や支援ができるよう、障害種別の指導の工夫のみならず、各教科等の学びの過程において考えられる困難さに対する指導の工夫の意図、手立ての例を具体的に示していくことが必要である。」等、特別支援教育の考え方を踏まえ、教育課程全体を通じた特別支援教育の充実を図るための具体的な取り組みの方向性が示されています。

　また、障害者基本法では「全ての国民が、障害の有無によって分け隔てられることなく、相互に人格と個性を尊重し合いながら共生する社会を実現するため、障害者の自立及び社会参加の支援等のための施策に関し、基本原則を定め、及び国、地方公共団体等の責務を明らかにする（第1条）」として、障害者の自立及び社会参加の支援等のための施策の基本となる事項が定められています。こうした支援施策の遂行のためには、障害当事者及び支援団体の意向を尊重することが何よりも大切なことです。

　こうしたことに鑑みて、今回の『新フィリア』では、障害のある子供（当事者）及び保護者及び親の会からの介護等体験を受ける学生の皆さんへのメッセージを寄稿していただきました。ぜひとも介護等体験の前にお読みいただき、この体験の意義を考えてほしいと思っています。

　止揚学園の福井達雨先生は、知的に重い障害のある子供の「ために」歩いてくださる人は多いが、「ともに」歩いてくださる人は少ないと述べられています。「ために」と「ともに」には、大きな違いがあるのです。

　「ために」してあげることは、汗をかいたり疲れたりしなくてもよい。汚れたり、責任を持ったりしなくてよい。「ともに」歩くは、汗を流し、疲れ、汚れ、責任を負い、他者に自分を投げ出し、命をぶつけなければなりません。「ために」は楽な歩みができるが、「ともに」は苦しい歩みです。だから、「知的に重い障害のある人のためにではなく、ともに歩んでいただきたい」と述べられています。

　介護等体験を通じて、障害のあるなしにかかわらず、子供と「ともに」歩くことを目指した教員となられることを期待しております。皆さんとご一緒に活動できる日の来ることを切に願っております。

目　次

I 特別支援学校における介護等体験

1 介護等体験の意義

介護等体験は「命の尊厳」や「人権意識」を学ぶ体験

（1）介護等体験とは

　介護等体験は、小学校または中学校の教諭の普通免許状の授与を受けようとする者が、障害のある児童生徒や高齢者等と直接関わる体験を通して、将来、教員として必要となる「命の尊厳」や「人権意識」を学ぶために、1998（平成10）年から始まった制度です。

　1997（平成9）年に、「小学校及び中学校の教諭の普通免許状授与に係る教育法の特例等に関する法律」が、議員立法として提出され、衆議院、参議院ともに全会一致で可決されました。法律の制定趣旨は次のようなものです。

> 　この法律は、義務教育に従事する教員が個人の尊厳及び社会連帯の理念に関する認識を深めることの重要性にかんがみ、教員としての資質の向上を図り、義務教育の一層の充実を期する観点から、小学校又は中学校の教諭の普通免許状の授与を受けようとする者に、障害者、高齢者等に対する介護、介助、これらの者との交流等の体験を行わせる措置を講ずるため、小学校及び中学校の教諭の普通免許状の授与について教育職員免許法（昭和24年法律第147号）の特例等を定めるものとする。
>
> 引用：「小学校及び中学校の教諭の普通免許状授与に係る教育法の特例等に関する法律」
> （平成9年法律第90号）（※その後、2007（平成19）年3月30日に改正）

　少子・高齢化の時代にあって、互いに助け合い、障害のある人もない人も互いに支え合って生きていく「共生社会」を築くために、今後の日本を担っていく児童生徒を育てる教員は、とりわけ重要な役割を担っていると言ってもよいでしょう。その教員となるために、体験を通して、障害児・者や高齢者等への理解を深めることとしたこの制度は、画期的なものであり、またその評価は衆参両議院と

も全会一致で可決という形で表れています。ぜひ、この法律の目指すところを十分理解し、「個人の尊厳及び社会連帯の理念に関する認識を深め」、より実りある介護等体験を積んでほしいと願います。

（2） 介護等体験の内容

　体験の内容は「障害者、高齢者等に対する介護、介助、これらの者との交流等の体験」とされています。令和３年４月に、小学校及び中学校の教諭の普通免許状授与に係る教育職員免許法の特例等に関する法律施行規則の一部が改正されました。改正の趣旨は、介護等体験の多様な体験機会の充実を目指し、介護等体験が実施可能な施設を拡大するというものです。これにより、特別支援学校に加えて、特別支援学級を設置する又は通級による指導を行う学校や日本語に通じない児童生徒のための特別の教育課程を編成する学校などが実施可能になりました。

　また、この法改正で、介護等体験の期間については、７日間を超えて行っても差し支えないことが加えられ、その７日間の内訳については、以前は、社会福祉施設等５日間、特別支援学校２日間が望ましいとされていましたが、日数の内訳を柔軟に設定して差し支えないことが加えられました。その場合でも、特別支援学校における介護等体験については必ず行うようにすることが望ましいという留意事項があります。なお、特別支援学校における体験の日数は、大学と都道府県教育委員会等が決めることになります。

　特別支援学校の介護等体験の内容は、体験先の実態や状況により様々なものが想定され、一律に決まっているものではありません。授業に参加する体験もあれば、運動会や文化祭等の大きな学校行事に教員の補助の仕事をしながら、児童生徒たちと関わることもあります。学校では、よりよい体験が受けられるように工夫していますので、学校の説明をよく聞いて、体験等の内容を理解してください。

　介護等体験は、いわゆる教育実習とは違います。教育実習は、それまでにほぼ教職に関する単位を取得し、最後に教育現場での研究授業等の実地研修を行うものです。期間も２週間、３週間と長く、主に４年生等が周到な準備をして教育実習に臨みます。また、教育実習生を受け入れる学校では、実習生一人一人に対し指導教員を決め、研究授業での学習指導案への指導を中心に、日々の指導計画を作りきめ細かい指導を行い、最後に評価をします。

　一方、介護等体験は、教職への希望をもち、教職に関する単位を取得中の学生が多く参加します。期間も短く、評価は行わずに体験に関する証明書を発行します。 将来、教員を目指す学生には、この介護等体験を通して人と関わること、人の学びを支えることの大切さを知り、教職につく意欲を高めていく機会として

いただきたいと考えます。結果として教職につかなくても、高齢者や障害のある児童生徒たちとの触れ合いは、一人一人のライフ・サイクルやキャリアの中で、きっと役立つでしょう。特別支援学校の体験を、今後の皆さんの大学における学びや社会に出たときの多くの人との出会いに、生かしてほしいと願います。

2 | 障害について

「障害」といっても定義や考え方は様々

特別支援学校で介護等体験を行う場合、事前に障害についての基本的なことを理解しておくことは、とても大切です。「障害」といっても、定義や考え方は様々です。

（1）障害者の定義

「障害者基本法」第2条による「障害者」の定義は、「身体障害、知的障害、精神障害（発達障害を含む）その他の心身の機能の障害がある者であって、障害及び社会的障壁により継続的に日常生活又は社会生活に相当な制限を受ける状態にあるものをいう」とあります。内閣府の『令和元年版　障害者白書』によれば、国民のおよそ7.6%が何らかの障害を有していることになると説明されています。

障害者基本法に基づく「障害者」の区分と人数

身体障害者	知的障害者	精神障害者
436万人	108万2千人	419万3千人

（2）学校教育における障害者　－特別支援教育の対象－

特別支援学校の対象とする障害は、「学校教育法」（第72条）に、障害の程度は「学校教育法施行令」（第22条の3）に、以下のように示されています。

特別支援学校の対象者と障害の程度

区分	障害の程度
視覚障害者	両眼の視力がおおむね0.3未満のもの又は視力以外の視機能障害が高度のもののうち、拡大鏡等の使用によっても通常の文字、図形等の視覚による認識が不可能又は著しく困難な程度のもの

区分	障害の程度
聴覚障害者	両耳の聴力レベルがおおむね 60 デシベル以上のもののうち、補聴器等の使用によっても通常の話声を解することが不可能又は著しく困難な程度のもの
知的障害者	1　知的発達の遅滞があり、他人との意思疎通が困難で日常生活を営むのに頻繁に援助を必要とする程度のもの 2　知的発達の遅滞の程度が前号に掲げる程度に達しないもののうち、社会生活への適応が著しく困難なもの
肢体不自由者	1　肢体不自由の状態が補装具の使用によっても歩行、筆記等日常生活における基本的な動作が不可能又は困難な程度のもの 2　肢体不自由の状態が前号に掲げる程度に達しないもののうち、常時の医学的観察指導を必要とする程度のもの
病弱者 （身体虚弱者を含む）	1　慢性の呼吸器疾患、腎臓疾患及び神経疾患、悪性新生物その他の疾患の状態が継続して医療又は生活規制を必要とする程度のもの 2　身体虚弱の状態が継続して生活規制を必要とする程度のもの

備考　一　視力の測定は、万国式試視力表によるものとし、屈折異常があるものについては、矯正視力によって測定する。
　　　　二　聴力の測定は、日本工業規格によるオージオメータによる。

　特別支援学校のほか、障害のある幼児児童生徒に対して、幼稚園、小学校、中学校、義務教育学校、高等学校、中等教育学校において、幼児児童生徒の障害の状態等に応じた特別の指導が行われています。

特別支援学級	障害の程度が比較的軽度であっても、通常の学級における教育では十分な教育効果を上げることが困難な児童生徒のために設置される学級。障害の状況や特性に応じた指導・支援を行う。
通級による指導	通常の学級に在籍しながら、障害に応じた特別の指導を特別な場（通級指導教室）で受ける指導の形態。障害による学習上または生活上の困難を改善し、または克服するため、特別支援学校学習指導要領の「自立活動」に相当する指導を行う。小学校、中学校に加え、2018（平成 30）年度から高等学校においても始まった。

　「令和元年度学校基本調査（速報）」によれば、全国には 1,146 校の特別支援学校があり、144,435 人の幼児児童生徒が在学しています。また、小学校、中学校、義務教育学校の特別支援学級には、278,133 人の児童生徒が在学しています。全児童生徒数が減少傾向にあるなか、特別支援学校、特別支援学級ともに、在学児童生徒数は増加傾向が続いています。

（3）世界保健機構（WHO）による障害の考え方の変遷

　国際障害者年（1981年）に先立つ1980（昭和55）年、世界保健機構（WHO）は、障害を3つのレベルに分けて捉える「国際障害分類」（ICIDH）を示しました。

Impairment （機能・形態障害）	身体の器質的損傷または機能的不全	疾病の結果もたらされたもので医療の対象
Disability （能力障害）	日常生活や学習上等の種々の制約や困難	教育によって改善・克服が期待されるもの
Handicap （社会的不利）	社会的生活上の不利益	福祉施策等によって補うことが期待されるもの

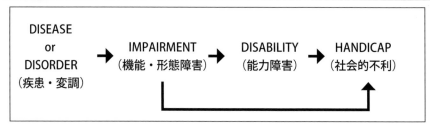

国際障害分類　ICIDH（1980年）

　ICIDHのモデル図に示された矢印は、原因と結果を表しています。すなわち、疾患・変調によって機能・形態障害が、機能・形態障害によって能力障害が生じ、それが社会的不利を引き起こすという考え方です（機能・形態障害から直接に社会的不利が生じるルートも示されています）。

　このように、障害を3つに分けて捉えたことにより、医療・教育・福祉の各領域が明確にされ、障害者の支援に関する施策に反映されるようになりました。しかし、この考え方は「障害者」の「できないこと」のマイナス面を強調した考え方でした。

その後、WHOは、2001（平成13）年に、国際障害分類を改め、「国際生活機能分類」（ICF）の考え方を示しました。

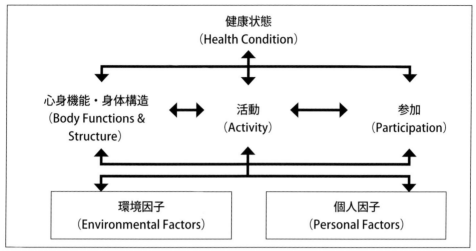

国際生活機能分類　ICF（2001年）

　この分類では、障害の考え方として、まず人間の「生活機能」を①心身機能・身体構造、②活動、③参加の3つの次元に区分しました。これらの機能は、「健康状態」に影響され、他方では環境因子、個人因子の2つの背景因子に影響を受けるとしています。この考え方は、「心身機能・身体構造」に何らかの障害があっても、周囲の理解や支援が加わることで環境が変わり、その人の「活動」や「参加」の状況は改善されるというもので、「マイナス」よりも「プラス」を重視したものです。したがって、「障害」のみの分類ではなく、あらゆる人間を対象として、その生活と人生の全て（プラスもマイナスも）を分類・記載・評価するものとなったと言われています。

練 習 問 題

障害について、わかったことを整理しましょう。

① 障害者基本法第2条による「障害者」の定義はどのようなものですか。

② 特別支援学校の対象とする障害は何ですか。

③ 世界保健機構（WHO）の「国際障害分類」の3つのレベルは何ですか。

④ 障害について自分でわかったことを整理しましょう。

3 | 障害のある人を理解するために

全ての人が、尊厳をもって共に生きる

（1）共に生きる人間としての尊厳を大切に

　障害がある、ないにかかわらず人間としての尊厳に変わりはなく、あらゆる個人の生命への畏敬の念をもつことが、人権の尊重につながることになります。一人一人の人間を大切にする考えを基本に押さえることと同時に、障害のことを自分自身の課題として捉えていくことが大切です。ヘレン・ケラーの言葉に「障害は不自由であるが、不幸ではない。障害者を不幸にしているのは、社会である」というものがあります。一人一人の生命の重さを理解し、障害のある人も、ない人も、人間としての尊厳が保てるような社会にしていくことが必要です。

世界人権宣言

　人類社会のすべての構成員の固有の尊厳と平等で譲ることのできない権利とを承認することは、世界における自由、正義及び平和の基礎である。

障害者の権利宣言

　第3条　障害者は、その人間としての尊厳が尊重され、生まれながらの権利を有している。障害者は、その障害の原因、特質及び程度にかかわらず、同年齢の市民と同等の基本的権利を有する。

（2）社会の一員として、完全参加と平等の実現を

　世界や我が国において社会福祉全体の目指すべき理念として、ノーマライゼーションの理念があります。ノーマライゼーションとは、障害のある人も当たり前に普通の生活を送れるようにすることです。障害のある人の尊厳や権利が重んじられ、社会を構成する一員として参加が広がり、生きがいをもって自分の力を発揮し、生き生きと心豊かな人生を送ることができるような社会をつくり出すことが求められています。障害のある人もない人も、互いに人格と個性を尊重し合いながら、共に生きていく社会の実現を目指していくことが重要です。

　そして現在では、この考えはインクルージョンという考えに進んでいます。イ

ンクルージョンとは、地域に住む人々が障害のある人も含めて、みんな包み込んで共に暮らしていくという共生社会を目指すことです。インクルージョンは、地域社会に様々な人が生活していることは普通のことで、障害があっても、なくても、その人らしく生活していくことを目指しています。

障害者基本法

第3条　第1条に規定する社会の実現は、全ての障害者が、障害者でない者と等しく、基本的人権を享有する個人としてその尊厳が重んぜられ、その尊厳にふさわしい生活を保障される権利を有することを前提としつつ、次に掲げる事項を旨として図られなければならない。

1　全て障害者は、社会を構成する一員として社会、経済、文化その他あらゆる分野の活動に参加する機会が確保されること。

2　全て障害者は、可能な限り、どこで誰と生活するかについての選択の機会が確保され、地域社会において他の人々と共生することを妨げられないこと。

3　全て障害者は、可能な限り、言語（手話を含む。）その他の意思疎通のための手段についての選択の機会が確保されるとともに、情報の取得又は利用のための手段についての選択の機会の拡大が図られること。

障害を理由とする差別の解消の推進に関する法律（障害者差別解消法）

第1条　この法律は、障害者基本法（昭和45年法律第84号）の基本的な理念にのっとり、全ての障害者が、障害者でない者と等しく、基本的人権を享有する個人としてその尊厳が重んぜられ、その尊厳にふさわしい生活を保障される権利を有することを踏まえ、障害を理由とする差別の解消の推進に関する基本的な事項、行政機関等及び事業者における障害を理由とする差別を解消するための措置等を定めることにより、障害を理由とする差別の解消を推進し、もって全ての国民が、障害の有無によって分け隔てられることなく、相互に人格と個性を尊重し合いながら共生する社会の実現に資することを目的とする。

（3）自立生活の考え方を理解した支援・援助を進めるには

障害のある人の自立と社会参加を進めるための考え方も変わってきました。

第一に、自己選択・自己決定の重視です。そして第二に、生活の質（ＱＯＬ：Quality of Life）の充実に重点を置いた自立生活の考え方の重視があげられます。

① 自己選択・自己決定の重視

　障害のある人の場合、ともすると自分の意思表示ができないと受け取られている場合があります。しかし、どんなに障害が重度の人でも、自分の意思はもっています。そして、その意思を発信したいと思っていますし、発信もしています。でも、その発信の仕方が一般的な表現とは異なっていたり、微細だったりするために、受け取る周囲の人々が理解できないことが多いと言えます。大切なことは、そうした意思を周囲の人々が受け止めることです。

　一方、障害のある人も、多くの人に理解してもらえる意思表示の方法を、学習していくことが望まれます。特別支援学校では、自分がしたいことやできそうなことを選ぶ力を培っていくとともに、意思表示の幅を広げていくためにも、教科等の設定を適切に行い、必要な知識・技能を身に付けるための学習に取り組んでいます。

② 生活の質（ＱＯＬ）の向上の重視

　従来の自立の考え方は、障害のある人に、普通の生活ができるような努力と、社会生活への適応を求めてきました。現在では、障害のある人自身では解決できない問題もあることから、制度や環境を整え援助を図ることで、障害のある人の生き方を支援していくことに重点が置かれるようになりました。ＱＯＬの要素は、ＡＤＬ（ＡＤＬ :Activities of Daily Living. 日常生活を送るのに最低限必要な起居・移動・食事・更衣・排泄・入浴・整容などの動作のこと）、仕事、経済生活、社会参加、趣味、文化活動、健康、住居等で、一人一人に可能な限り豊かな社会生活を実現するため、多分野からの援助が考えられます。特別支援学校の教育は、幼児児童生徒の障害による学習上または生活上の困難を改善・克服し、個性を最大限に尊重し、自立し、社会参加できるようになることを目指しています。

（４）障害者の権利に関する条約の批准に向けた国内法の整備など

　2006（平成 18）年、国際連合総会において「障害者の権利に関する条約」（以下、「障害者権利条約」という。）が採択されました。日本国政府はその翌年（2007年）、条約への署名を行いましたが、条約の批准については、国内法の整備をはじめとする障害者制度改革を先に進めるべき、との意見が障害のある当事者等から寄せられました。

　このことを受け、政府は 2009（平成 21）年に「障がい者制度改革推進本部」を設置し、当面５年間を障害者制度改革の集中期間と位置付けました。

　2011（平成 23）年には「障害者基本法」を改正するとともに、2012（平成 24）年には「障害者自立支援法」を改正し、「障害者の日常生活及び社会生活を総合的に支援するための法律」（以下、「障害者総合支援法」という。）に改めました。「障害者基本法」の主な改正内容は、「障害者権利条約」の趣旨を反映

させるため、「障害者」の定義に、いわゆる「社会モデル」の考え方（「障害」は個人ではなく社会のほうに存在している）を反映したこと、「合理的配慮」について我が国の国内法で初めて規定したことなどがあげられます。

　さらに2013（平成25）年には「障害を理由とする差別の解消の推進に関する法律」（以下、「障害者差別解消法」という）が成立するとともに、「障害者の雇用の促進等に関する法律」（以下、「障害者雇用促進法」という）の改正が行われるなど、制度改革が一挙に進められました。

　教育分野については、2010（平成22）年から文部科学省において、障害者権利条約で提唱されているインクルーシブ教育システム構築の理念を踏まえた教育制度の在り方や、幼児児童生徒の特性に応じた教育を実現するための教員の専門性向上等のための具体的方策について議論がなされ、2012（平成24）年には「共生社会の形成に向けたインクルーシブ教育システム構築のための特別支援教育の推進（中央教育審議会初等中等教育分科会報告）」としてまとめられました。この報告では、共生社会の形成に向けたインクルーシブ教育システムの構築、就学相談・就学先決定の在り方、障害のある幼児児童生徒が十分に教育を受けられるための合理的配慮、多様な学びの場の整備と学校間連携等の推進、特別支援教育を充実させるための教職員の専門性向上等について提言がなされ、それらを踏まえた制度改正が行われてきています。

　こうした国内の環境整備を踏まえて、2014（平成26）年、我が国において、「障害者権利条約」が批准されました。

障害者の権利に関する条約

　「障害者の権利に関する条約」は、障害者の人権と基本的自由の享有の確保、障害者の固有の尊厳の尊重の促進を目的としており、障害に基づくあらゆる差別の禁止、障害者の社会への参加・包容の促進、条約の実施を監視する枠組みの設置など、障害者の権利の実現のための措置等を規定しているものです。

　2006（平成18）年12月13日の第61回国際連合総会で採択され、我が国は2014（平成26）年1月20日に批准しました。教育については、この第24条に示されており、「締約国は、教育についての障害者の権利を認める。締約国は、この権利を差別なしに、かつ、機会の均等を基礎として実現するため、障害者を包容するあらゆる段階の教育制度（inclusive education system）及び生涯学習を確保する」としています。

インクルーシブ教育システム

- ●「障害者の権利に関する条約」第24条によれば、「インクルーシブ教育システム」（inclusive education system、署名時仮訳：包容する教育制度）とは、人間の多様性の尊重等の強化、障害者が精神的及び身体的な能力等を可能な最大限度まで発達させ、自由な社会に効果的に参加することを可能とするとの目的の下、障害のある者と障害のない者が共に学ぶ仕組みであり、障害のある者が「general education system」（署名時仮訳：教育制度一般）から排除されないこと、自己の生活する地域において初等中等教育の機会が与えられること、個人に必要な「合理的配慮」が提供される等が必要とされている。
- ● 共生社会の形成に向けて、障害者の権利に関する条約に基づくインクルーシブ教育システムの理念が重要であり、その構築のため、特別支援教育を着実に進めていく必要があると考える。
- ● インクルーシブ教育システムにおいては、同じ場で共に学ぶことを追求するとともに、個別の教育的ニーズのある幼児児童生徒に対して、自立と社会参加を見据えて、その時点で教育的ニーズに最も的確に応える指導を提供できる、多様で柔軟な仕組みを整備することが重要である。小・中学校における通常の学級、通級による指導、特別支援学級、特別支援学校といった、連続性のある「多様な学びの場」を用意しておくことが必要である。

引用：初等中等教育分科会「共生社会の形成に向けたインクルーシブ教育システム構築のための特別支援教育の推進（報告）」2012（平成24）年7月23日

（5）「障害者基本計画（第4次）」について

国は、「障害者基本法」に基づき、障害者施策の総合的かつ計画的な推進を図るため、「障害者基本計画」を定めています。これまでの障害者基本計画が2017（平成29）年度で終了したことから、新たな「障害者基本計画（第4次）」が、2018（平成30）年3月30日に閣議決定され、2018（平成30）年度から2022（令和4）年度までのおおむね5年間に政府が取り組むべき障害者施策の基本的な方向が定められました。

「障害者基本計画（第4次）」の基本理念は、次のように示されています。

全ての国民が、障害の有無にかかわらず、等しく基本的人権を享有するかけがえのない個人として尊重されるという理念にのっとり、全ての国民が、障害の有無によって分け隔てられることなく、相互に人格と個性を尊重し合

いながら共生する社会の実現を目指して講じられる必要がある。

　本基本計画では、このような社会の実現に向け、障害者を、必要な支援を受けながら、自らの決定に基づき社会のあらゆる活動に参加する主体として捉え、障害者が自らの能力を最大限発揮し自己実現できるよう支援するとともに、障害者の活動を制限し、社会への参加を制約している社会的な障壁を除去するため、政府が取り組むべき障害者施策の基本的な方向を定めるものとする。

　また、「障害者基本計画」の「Ⅲ　各分野における障害者施策の基本的な方向」では、「9．教育の振興」として、次のように【基本的考え方】が示されています。

　障害の有無によって分け隔てられることなく、国民が相互に人格と個性を尊重し合う共生社会の実現に向け、可能な限り共に教育を受けることのできる仕組みの整備を進めるとともに、いわゆる「社会モデル」を踏まえつつ、障害に対する理解を深めるための取組を推進する。また、高等教育における障害学生に対する支援を推進するため、合理的配慮の提供等の一層の充実を図るとともに、障害学生に対する適切な支援を行うことができるよう環境の整備に努める。さらに、障害者が、学校卒業後も含めたその一生を通じて、自らの可能性を追求できる環境を整え、地域の一員として豊かな人生を送ることができるよう、生涯を通じて教育やスポーツ、文化等の様々な機会に親しむための関係施策を横断的かつ総合的に推進するとともに、共生社会の実現を目指す。

　また、「10．文化芸術活動・スポーツ等の振興」として、次のように【基本的考え方】が示されています。

　全ての障害者の芸術及び文化活動への参加を通じて、障害者の生活を豊かにするとともに、国民の障害への理解と認識を深め、障害者の自立と社会参加の促進に寄与する。また、レクリエーション活動を通じて、障害者等の体力の増強や交流、余暇の充実等を図る。さらに、地域における障害者スポーツの一層の普及に努めるとともに、競技性の高い障害者スポーツにおけるアスリートの育成強化を図る。

　具体的には、①文化芸術活動、余暇・レクリエーション活動の充実に向けた社会環境の整備、②スポーツに親しめる環境の整備、パラリンピック等競技スポーツに係る取り組みの推進など、障害のある人の生活の質を高め、生涯にわたって

学び続け、社会に積極的に参加できる機会を充実させていくといった考えに基づき、国をあげて取り組んでいく方向が示されました。

障害者の文化芸術活動の推進―東京都のアートプロジェクトの紹介―

　東京都教育委員会は、2015（平成27）年度から都内特別支援学校に在籍する児童生徒の芸術活動への意欲喚起や才能の早期発見と伸長を図るとともに、広く都民に障害者への理解を促進するため、東京都特別支援学校アートプロジェクト展（2015年度～）、東京都特別支援学校アートキャラバン事業（2017年度～）など、児童生徒が制作した優れた作品を展示する事業を行っています。

（6）温かさ、豊かさ、優しさのある共生社会に

　私たちの周りで「バリアフリー」という言葉や考え方は、すでに一般的になってきています。バリアフリーは、障害のある人や高齢者などの特定の人に対する様々なバリア（障壁）を取り除いていこうという観点から行われてきました。そのバリアとは、物理的なバリア、制度的なバリア、文化・情報のバリア、意識上の（心理的な）バリアの4点があると言われています。

　近年「できるだけ多くの人が利用可能であるように製品、建物、環境をデザインする」というユニバーサルデザインの考え方が重視されるようになってきました。「年齢、性別、国籍、個人の能力にかかわらず、はじめからできるだけ多くの人が利用可能なように利用者本位の考え方に立ったデザイン」としてハード面での施設整備からソフト面までを含む概念です。

　バリアフリーもユニバーサルデザインも「全ての人の平等な社会参加の実現」という同じ目標に向かっていますが、「はじめからバリアを作らない」ということを標榜しているユニバーサルデザインは、より根本的な問題解決に取り組もうという考え方だと言えます。ユニバーサルデザインでは7つの原則を設け、建築物や工業製品のデザインに取り入れるようにしつつ、普及に努めています。このような考え方に基づいた成果物を「共用品」として位置付け、広く紹介しています。皆さんの身近なものの中にも気付かずに接しているものがたくさんあると思います。いくつか代表的なものを紹介しておきます。

身近なユニバーサルデザインの例

ＩＣカード乗車券のくぼみ

視覚障害のある人がカードの向きを判別できるよう配慮したもの。

シャンプーボトルのきざみ

シャンプーとリンス、ボディーソープの違いが触ってわかるように配慮したもの。

多機能トイレ

赤ちゃんのおむつを替える人や障害のある人など、誰でも使いやすいトイレ。

ノンステップバス

車いすや足腰の弱い人でも乗りやすいよう配慮したもの。

練習問題

あなたの周りの生活で、ユニバーサルデザインのものを探して書きましょう。

> ### 例　紙幣

　紙幣には、右下と左下に触ってわかる程度にインクが盛ってある。棒一本なら千円札、八角形が一つなら五千円札、かぎ型なら一万円札。触覚でどれがどのお金なのかを判別できるようにしている。

> ### ①

> ### ②

> ### ③

特別支援学校の教育

1 特別支援学校の教育課程

特別支援学校の教育課程は、小学校、中学校及び高等学校に準ずる各教科、「特別の教科 道徳」「特別活動」「総合的な学習の時間」のほか、障害による学習上又は生活上の困難の改善・克服を目的とした領域である「自立活動」で編成している

（1）特別支援学校とは

「学校教育法」第 72 条には、特別支援学校の目的が次のように記されています。

> 　特別支援学校は、視覚障害者、聴覚障害者、知的障害者、肢体不自由者又は病弱者（身体虚弱者を含む。）に対して、幼稚園、小学校、中学校又は高等学校に準ずる教育を施すとともに、障害による学習上又は生活上の困難を克服し自立を図るために必要な知識技能を授けることを目的とする。

● 「幼稚園、小学校、中学校又は高等学校に準ずる教育を施す」とは、「幼稚園、小学校、中学校又は高等学校と、ほぼ同じ内容の教育を行う」ということです。

● 同時に、「障害による学習上又は生活上の困難を克服し自立を図るために必要な知識技能を授ける」とは、障害に応じた必要な教育を行う、ということです。これをまとめて「自立活動」と呼んでいます。

　小・中学校等と違い、「自立活動」があることが、特別支援学校の大きな特徴です。視覚障害であれば、例えば「点字の読み書き、白杖歩行」とか、聴覚障害であれば「補聴器の活用、発音の学習」などは、自立活動の一部です。

（2）特別支援学校の教育課程

　学校の教育課程は、国が定めた「学習指導要領」に基づいて、編成します。特別支援学校の学習指導要領は、『特別支援学校幼稚部教育要領　小学部・中学部学習指導要領』『特別支援学校高等部学習指導要領』の２冊です。

小学校・中学校・高等学校　　　　　　　　特別支援学校

● 視覚障害、聴覚障害、肢体不自由、病弱の児童生徒を対象とする特別支援学校の教育課程は、小学校、中学校及び高等学校の各教科、「特別の教科　道徳」「特別活動」「総合的な学習の時間」（高等部は総合的な探究の時間）に準ずる教育に加え、障害に基づく種々の困難の改善・克服を目的とした領域である「自立活動」で編成されています。一般に、「準ずる教育課程」と呼ばれます。
● 知的障害の児童生徒を対象とする特別支援学校では、特別支援学校（小学部・中学部及び高等部）の学習指導要領に基づき、知的障害の特徴や学習上の特性などを踏まえて教育課程を編成します。

　また、多くの視覚障害、聴覚障害、肢体不自由、病弱の児童生徒を対象とする特別支援学校では、知的障害を併せ有する児童生徒もいますので、「知的障害の児童生徒を対象とする特別支援学校」の教育課程に代替して、教育課程を編成しています。
　知的障害者である児童生徒に対する教育を行う特別支援学校では、知的障害の特徴や学習上の特性などを踏まえた教育内容を学習します。小学部には「社会」「理科」はありませんが、教科「生活」があります。中学部では「職業・家庭」という教科があります。教科の目標や内容も、学年別に区分せず、小学部３段階、中学部２段階、高等部２段階で示しています。
　加えて、必要がある場合は、各教科の全部または一部を合わせた授業を行うことができるため、多くの学校では、「各教科等を合わせた指導」として、「日常生活の指導」「生活単元学習」「作業学習」等の授業を行っています。

● 重複障害者のうち、障害の状態により特に必要がある場合には、自立活動を主とした指導ができるため、自立活動を主とする教育課程もあります。

【準ずる教育課程の例】特別支援学校（聴覚障害）　小学部第6学年の場合

	月	火	水	木	金
8:20～8:40	登　校				
8:45	学級ごとの朝の会				
8:55～9:10	小学部朝会	朝の学習	朝の運動	朝の学習	縦割り班活動
1時間（45分間）	国語	国語	家庭 / 体育	国語	算数
2校時	算数	音楽	家庭	体育	自立活動
10:45～11:00	中休み				
3校時	外国語	算数	国語	音楽 / 図工	道徳
4校時	社会	理科	算数	図画工作	理科
12:35～13:30	給食・昼休み				
5校時	理科	社会	外国語	社会	国語
6校時	学級活動・クラブ・委員会活動	体育	総合的な学習の時間	算数	総合的な学習の時間
15:15～15:25	学級ごとの帰りの会				
15:30	下　校				

特別支援学校（知的障害）　中学部の場合

	月	火	水	木	金
	登　校				
1	日常生活の指導				
2	保健体育				
3	国語・数学				
4	職業・家庭	作業学習	保健体育	作業学習	美術
5			国語・数学		美術
	昼休み				
6	生活単元学習	総合的な学習の時間	生活単元学習	国語・数学	音楽
7	特別活動	生活単元学習		音楽	保健体育
8	日常生活の指導				
	下　校				

（3）学習指導要領の改訂

2017（平成29）年4月に『特別支援学校幼稚部教育要領 小学部・中学部学習指導要領』が公示され、2019（平成31）年2月に『特別支援学校高等部学習指導要領』 が公示されました。

特別支援学校の教育は、小学校、中学校及び高等学校に準ずる教育であるため、学習指導要領の改訂も、小学校、中学校及び高等学校の学習指導要領の改訂の趣旨に沿って行われています。

例えば、育成を目指す資質・能力の3つの柱である「知識及び技能」「思考力・判断力・表現力等」「学びに向かう力・人間性等」については、特別支援学校の教育においても重要な柱です。

小学部・中学部

また、今回の改訂では、「これまでの我が国の学校教育の実践や蓄積を生かし、児童生徒が未来社会を切り拓くための資質・能力を一層確実に育成することを目指すこと」を基本的な考え方としています。そこで、児童生徒に求められる資質・能力とは何かを社会と共有し、連携する**「社会に開かれた教育課程」**を重視していること、さらに、**「主体的・対話的で深い学び」**の実現に向けた授業改善を推進することや、各学校における**「カリキュラム・マネジメント」**を推進することなど、小学校、中学校及び高等学校の学習指導要領の改訂と、考え方は同じです。

その中で、特別支援学校の学習指導要領の改訂のポイントで特筆すべきことがあります。一つには、**「学びの連続性」**を重視した対応です。

児童生徒が満6歳を迎え、就学先として特別支援学校を決めたとしても、児童生徒の【学びの場】は、ずっと特別支援学校に固定されるわけではありません。それぞれの児童生徒の発達の程度、適応の状況等を勘案しながら、特別支援学校から小学校・中学校等へ、またその逆に小学校・中学校から特別支援学校へと、柔軟に転学ができるような仕組みに変わりました。近年、小学校・中学校と特別支援学校との間で行われる「交流及び共同学習」を大切にする風潮も高まっており、特別支援学校と小・中学校の教育内容の「連続性」を重視していくという考え方があります。したがって、今回の学習指導要領では、特別支援学校の教科の目標や内容、系統が、小・中学校等のものと近づき、方向性は同じものになってきたことが大きな特色と言えます。

もう一つが、知的障害者である児童生徒のための各教科等の目標や内容につい

ても、**育成を目指す資質・能力の３つの柱（「知識及び技能」「思考力・判断力・表現力等」「学びに向かう力・人間性等」）** に基づき整理された点です。このように、小・中学校等との各教科等とのつながりに留意がされています。

　さらに、児童生徒の学習の状況によっては、小学校学習指導要領または中学校学習指導要領における各教科等の目標及び内容の一部を取り入れることができるようになりました。

高等部

　『特別支援学校高等部学習指導要領』も、基本的には高等学校の学習指導要領と同じ考え方で改訂されました。「育成を目指す資質・能力」を明確にし、「主体的・対話的で深い学びの実現に向けた授業改善」「社会に開かれた教育課程の実現」「各学校におけるカリキュラム・マネジメントの確立」などを目指しています。

　特別支援学校の高等部においても、障害のある児童生徒の学びの場の柔軟な選択を踏まえ、小・中・高等学校の教育課程との連続性が重視されています。

　高等部においては、卒業後の社会的・職業的自立に向けて必要な基盤となる資質・能力を身に付けていくことができるよう、就労先・進学先、家庭や地域、関係機関等との連携を図りながら、キャリア教育の充実を図ることなどが重要になります。具体的には、就労を想定した職業教育、進路指導等が展開されたり、資格取得のために学ぶ姿などを見学できたりする場合もあります。

　さらに、学校卒業後も学び続けるための生涯学習への意欲の向上、生涯を通じてスポーツや文化芸術活動に親しみ、豊かな生活を営むことができるよう配慮することなど、高等部卒業後のことを踏まえた「カリキュラム・マネジメント」が求められています。

練 習 問 題

特別支援学校の教育課程の特徴を整理しましょう。

① 特別支援学校の教育課程の特徴は何ですか。

幼稚園、小学校や中学校、高等学校に準ずる教育に

（　　　　　　　　　　　　　　　　　　　　）という特別な指導領域を加えた教育課程。

② 「自立活動」の目的は何ですか。

③ 学習指導要領の改訂のポイントは何ですか。

〈小学部・中学部〉

〈高等部〉

2　特別支援学校の教育の特色

特別支援学校の教育の特色は、個に応じた指導、少人数学級、教育機器の活用、教材・教具の工夫、教科用図書の違い、などである

（1）個に応じた指導

　特別支援学校では、児童生徒一人一人の障害の状態や発達段階などが異なるため、一人一人の教育的ニーズを把握し、それぞれが持てる力を高めることが、教育の柱になります。そのため、個別の指導計画を立て、個に応じた指導をしています。学習指導要領に基づき、将来を見通して、「今、何が必要か」という視点で指導内容を決め、その子に応じた教育方法を考え、指導に当たっています。

（2）少人数の学級

　特別支援学校では、きめ細かな、手厚い教育をするために、少人数で学級を編制できるようになっています。学級編制の標準は、例えば、小学校、中学校では１学級40人（小１は35人）ですが、特別支援学校の小学部、中学部は１学級6人です。

（3）教育機器の活用

　近年は、ＩＣＴ環境を整備し、コンピュータや情報通信ネットワークなどを授業に活用する機会が増えています。教科学習の手段やコミュニケーションのツール（道具）としての活用、インターネットによる情報収集や交流での活用など、様々な形で積極的に使用されています。

（4）教材・教具の工夫

　児童生徒が意欲と興味をもって学習し、内容を理解・習得しやすくするために教員が自作するなど創意工夫した教材・教具を活用しています。

（5）教科用図書（教科書）

特別支援学校では、次のような教科書を使用しています。

準ずる 教育課程	文部科学省 検定済教科書	小・中学校、高等学校と同じ教科書 （同学年の教科書を使用） （必要に応じ、下の学年の教科書を使用）
障害に配慮した 教科書	文部科学省 著作教科書	【視覚障害】 小学部児童向けの国語、社会、算数・数学、理科、英語の点字教科書と拡大教科書 中学部生徒向けの音楽、美術、保健体育、技術・家庭の拡大教科書 【聴覚障害】言語指導や音楽の教科書 【知的障害】国語、算数・数学、音楽
上記に適切な 教科書がない 特別な場合	一般図書等	一般の書店で売られている絵本などの図書を、教育委員会に申請して使用する教科書

教科書バリアフリー法と教材の充実

2008（平成20）年6月10日「障害のある児童及び生徒のための教科用特定図書等の普及の促進等に関する法律」（教科書バリアフリー法）が国会において成立し、同年9月17日に施行されました。この法律は、視覚障害のある児童生徒が「教科用特定図書」として、検定教科書に代えて拡大教科書等を使用することにより、十分な学校教育を受けられるようにするためのものです。

なお、2013（平成25）年8月28日には、「障害のある児童生徒の教材の充実について」の報告を文部科学省が公表しました。ここでは、障害の状態や特性を踏まえた教材を効果的に活用して適切な指導を行うことが必要であることが示され、そのために各学校で必要な教材の整備、新たな教材の開発、既存の教材を含めた教材の情報収集と、適切な指導を行うための体制の充実が求められるとしています。

さらに2019（平成31）年4月には、学校教育法等の一部が改正され、教育の情報化に対応し、2020（令和2）年度から実施される新学習指導要領を踏まえた「主体的・対話的で深い学び」の視点からの授業改善や、障害等により教科書を使用して学習することが困難な児童生徒の学習上の支援のため、必要に応じて「デジタル教科書」を通常の紙の教科書に代えて使用することができるようになりました。

（6）スクールバス

　徒歩や公共交通機関を使って一人で通学することが困難な児童生徒のために、スクールバスを運行している学校もあります。

　また、ほとんどの特別支援学校（肢体不自由）では、リフト付バスが配車されています。バスの利用は無料です。

（7）寄宿舎

　遠距離等の事情で、通学が困難な児童生徒のために寄宿舎を設けている学校があります。寄宿舎生活では、集団生活を通して、基本的な生活習慣や社会性を育てることをねらいにしています。

（8）施設・設備の工夫

　障害のある児童生徒が、自立を目指し、伸び伸びと、心豊かな学校生活を送るためには、施設・設備等に特別に配慮した環境を設定する必要があります。それぞれの学校で、児童生徒に合わせて次のような工夫をしています。

各障害別の施設・設備・教材の工夫の例

視覚障害	● 点字ブロック・点字案内 ● 立体コピー、サーモフォーム・バキュームフォーム ● 凸地図等の触覚教材 ● 教材提示装置 ● 各種の点字図書、触る絵本 ● 拡大読書器
聴覚障害	● 集団補聴装置 ● 非常用フラッシュランプ ● 校内放送用大型ＰＤＰ ● 発声誘導機器 ● 聴覚学習室等の諸検査装置
肢体不自由	● 段差をなくす工夫 ● スロープ、エレベーター ● 広い廊下、廊下や階段の手すり ● 車いす用トイレ、洗面台 ● 水道栓 ● 出入り口のドア ● スクールバスの乗降（リフト、車いすの固定、発着所） ● 自立活動室の各種の教材・教具
病弱	特別支援学校（肢体不自由）と共通する施設・設備上の配慮のある学校もあります。
知的障害	● 作業学習関係の教室の工夫（設備、補助具、工程表の配置等） ● 教材・教具の工夫（創作教材など） ● 教室表示の工夫（字に加えてピクトグラムを表示する） ● 教室環境の構造化

（9） 交流及び共同学習

　障害のある人もない人も社会を形成するかけがえのない一員です。共に手を携えてより豊かな社会を作り上げていくために、お互いの理解と認識を深めることが大切です。そのための機会として、特別支援学校の児童生徒と小学校、中学校等の児童生徒とが活動を共にする交流及び共同学習や、地域社会の人々との交流が近年盛んになってきました。活動内容も多様で幅広いものになっています。交流及び共同学習は、児童生徒の経験を広め、社会性を養い、好ましい人間関係を育てる大切な役割を担っています。併せて、地域の人々が障害のある児童生徒やその教育について理解を深める良い機会となっています。

　こうした点を重視して特別支援学校は「開かれた学校」として、交流及び共同学習や学校公開などを積極的に行うとともに、それぞれの学校のセンター的機能を活用して、地域社会の障害のある児童生徒やその保護者、障害のある児童生徒を指導する小学校、中学校等の教員に対する支援も行っています。

特別支援学校就学奨励費

　特別支援学校や小学校・中学校の特別支援学級等で学ぶ際に、家庭の経済状況等に応じ、国及び地方公共団体が保護者の負担する経費を補助するものです。就学のための必要な援助として、「特別支援学校への就学奨励に関する法律」（昭和 29 年法律第 144 号）に規定されています。

　なお、2013（平成 25）年度から、通常の学級で学ぶ児童生徒（「学校教育法施行令」第 22 条の 3 に定める障害の程度に該当）についても補助対象に拡充しています。対象とする経費は、学校給食費、修学旅行費、学用品の購入費、寄宿舎居住費、高等部教科用図書の購入費、通学等に要する交通費及び付添いに要する交通費等となります。

（10） 卒業後の進路と生活
① 高等部の卒業後の進路

　各学校の高等部を卒業した後は、それぞれの障害や能力に応じて進学、就職、福祉事業所を利用する等の進路を選択します。現在、就職に関しては障害者の雇用の促進を推進するための様々な施策に加えて、企業の理解が進んできており、企業に就職する卒業生がさらに増えていくことが期待されています。

　一方、障害の程度は年々重度化する傾向にあり、福祉施設が不足している状態で、希望通りにいかないケースが出てきています。また、医療的ケアが必要な生徒が増えており、今後進路については福祉施設だけでなく進学、就労も含め、支援体制が求められるようになることでしょう。

②　卒業後の社会参加に向けた支援

　卒業後の社会参加を進めるためには、学校と関係機関とが連携を図り、卒業生一人一人の障害や能力、本人の希望等の状況に応じた様々な支援を行っていくことが大切です。そのため学校は、ハローワークや障害者職業センター、就業・生活支援機関等と連携して一人一人の卒業生に応じた進路先の開拓を行っています。また、在学時から個別の教育支援計画や個別の指導計画を活用し、進路指導を進めるとともに、卒業時には、学校生活から社会生活への円滑な移行を進めるための個別の教育支援計画（いわゆる「個別の移行支援計画」）を作成し、卒業後の支援の在り方を明らかにしています。

　学校を卒業した後は、こうした機関が連携を図りながら、卒業生のキャリアアップ、生活能力の向上、豊かな人間関係、豊かな余暇、健康の維持などが図れるように支援をしていきます。学校も、卒業後しばらくは、こうした支援に関わっていきます。

障害者の生涯学習

　2019（平成31）年3月に「学校卒業後における障害者の学びの推進に関する有識者会議」から「障害者の生涯学習の推進方策について―誰もが、障害の有無にかかわらず共に学び、生きる共生社会を目指して―」（報告）が出されました。この報告では、障害者の生涯学習推進の方向性、障害者の生涯学習を推進するための方策、障害者の生涯学習推進に向けて早急に実施すべき取り組みなどが整理され、都道府県や特別支援学校は今後一層障害者の生涯学習に向けた施策や教育の推進を求められることになりました。

障害者の雇用の促進のために

　障害者の雇用に関しては、「障害者の雇用の促進等に関する法律」（昭和35年法律第123号）等を踏まえ、障害のある人一人一人がその能力を最大限発揮して働くことができるよう、障害の種類・程度に応じたきめ細かな対策が、厚生労働省を中心に講じられています。2018（平成30）年4月から施行されている「障害者雇用促進法」では民間企業には2.2%、国等の公的機関には2.5%、教育委員会には2.4%といったように、企業等には障害のある人の一定の割合（法定雇用率）以上の雇用が義務付けられています。2021（令和3）年4月の前に、さらに、0.1%ずつの引上げが予定されています。

　障害のある人が、生涯にわたって自立し社会参加していくためには、企業等への就労を支援し、職業的な自立を果たすことができるようにしていくことが重要です。しかし、近年における特別支援学校高等部卒業者の進路状況を見ると、就職者の割合は徐々に上昇していますが、約3割と依然として厳しい状況にあります。

　このため、文部科学省では、厚生労働省と連携した取り組みを進めています。具体的には福祉・労働関係機関等における種々の施策の積極的な活用や関係機関との連携の強化を図るために、各都道府県教育委員会等に対して、2013（平成25）年3月には「障害者の雇用を支える連携体制の構築・強化について」を通知（2018年4月改正）しています。そして2013（平成25）年4月には、「就労系障害福祉サービスにおける教育と福祉の連携の一層の推進について」を通知（2017年4月、見直し再通知）しています。

障害者就業・生活支援センター

　障害者の就労を促進するとともに、生活の支援も行います。生活を支援することが就労の安定につながります。障害者就業・生活支援センターは就業面と生活面を一体的にサポートしていく地域の拠点として、各県一か所でスタートし、いずれは障害保健福祉圏域（人口約30万人程度）に一か所程度、設置していく方向で施策が進められています。

「障害者の日常生活及び社会生活を総合的に支援するための法律（いわゆる障害者総合支援法）」について

　2012（平成24）年6月に公布された「地域社会における共生の実現に向けて新たな障害保健福祉施策を講ずるための関係法律の整備に関する法律」（平成24年法律第51号）により、これまでの「障害者自立支援法」（平成17年法律第123号）が、「障害者の日常生活及び社会生活を総合的に支援するための法律」（一般に「障害者総合支援法」という）に改正されました。

　そして、共生社会を実現するために障害者の社会参加の機会を確保し、社会的障壁を取り除くことができるように、障害者の日常生活・社会生活の支援を総合的かつ計画的に行うことが、この法律の理念として新たに掲げられました。

　具体的な変更点には、難病等も含めた障害者の範囲の拡大、障害者支援区分の創設、重度訪問介護の対象の拡大、共同生活介護（ケアホーム）の共同生活援助（グループホーム）への一元化、地域移行支援（障害者支援施設等に入所している障害者が退所後スムーズに地域生活へ移行するために行われる支援）の対象の拡大等があります。

練 習 問 題

特別支援学校の教育の特色を次の語群から5つ選んで、それぞれ
どのようなことか、説明しましょう。

> 個に応じた指導　　少人数の学級　　教育機器の活用　　教材・教具の工夫
> 教科用図書（教科書）　　スクールバス　　寄宿舎
> 施設・設備の工夫　　交流及び共同学習　　卒業後の進路と生活

①

②

③

④

⑤

特別支援学校の幼稚部の教育内容を学びましょう

（1）特別支援学校（視覚障害）

① 乳幼児の教育相談

　ほとんどの特別支援学校（視覚障害）では、０歳からの乳幼児やその保護者への教育相談を行っています。視覚障害乳幼児が、自分から興味のあるものに手を伸ばすことやしっかりと身体を動かして遊ぶことができるよう支援しています。保護者に対しては、視覚に障害がある乳幼児との関わり方や乳幼児の障害の受け止め方などについて悩んでいることを聞いたり、同じ視覚障害がある乳幼児をもつ保護者同士の交流を大切にしたりしています。

② 幼稚部

　特別支援学校（視覚障害）の幼稚部では、遊びや日常生活を通し、社会性を育て、発達や見え方に応じて、基本的生活習慣を身に付け、生きる力の基礎を育成しています。そのためには、音や触ることを中心とした遊びができ、自由に体を動かせる安全な環境を設定することが大切です。幼児が自分から興味をもって、遊具や玩具、素材と関わり、遊びを大切にして、試行錯誤しながら時間をかけて取り組めるようにすることが重要です。

（2）特別支援学校（聴覚障害）

① 乳幼児の教育相談

　ほとんどの特別支援学校（聴覚障害）では、０歳からの乳幼児の教育相談として、設定遊び、自由遊びなどを通して、グループと個別の指導・支援を行います。また、幼児の障害受容などを含めた保護者支援のためのカリキュラムを組み、乳幼児の聴覚や言語の発達を促していきます。

② 幼稚部

　幼稚部では、『幼稚園教育要領』に示す内容に基づき、幼稚園に準じた教育を行うとともに、『特別支援学校幼稚部教育要領』に示されている学習や生活上の障害による困難を改善していくために必要な態度や習慣などを育てる教育を行っています。

　確かな言葉の基礎を育てるために、発音、文字、音韻などを習得し、日々の生

活の中での身近な人々との関わり、経験、教育活動などを言語化します。また、障害の状態に応じて、補聴器や人工内耳を活用したり、手話や指文字などを使用したりして、豊かなコミュニケーションができるようにしています。

4 特別支援学校小学部における教育

特別支援学校の小学部の教育内容を学びましょう

（1）特別支援学校（視覚障害）

　小学部では、小学校と同じ教科指導を視覚障害に配慮しながら行っています。拡大鏡などを使って普通の文字を使う児童を弱視児、普通の文字の代わりに点字を使う児童を盲児と言っています。

　弱視児は、見え方の状態に合わせて拡大読書器を活用して拡大や白黒反転等を行ったり、見えやすい教材を用いて学習したりします。視覚を最大限活用し、見やすい環境のもとで、事物をしっかりと確かめる学習や弱視レンズの使い方を学びます。弱視児の見え方は様々で、視力、視野の狭さ、色覚の有無、眼球振とう（盪）やまぶしさの影響等、見え方は一人一人違います。一人一人に適した大きさの文字や図の拡大などを配慮し、補助具を活用して見やすい環境を整えたうえで、見る力を高めるように指導します。

　盲児はよく触って物の形や大きさなどを理解したり、聴覚や嗅覚なども手がかりとして周りの様子を予測したり確かめたりする学習をします。見学や調査などの具体的な体験を行ったり、実物や模型、触察教材等を活用したりして、視覚障害のある児童にわかりやすいよう工夫した指導を行っています。点字の読み書きなどの学習は、国語や自立活動を中心に行います。また、自立活動で伝い歩きや白杖を使って歩く力を付けます。

（2）特別支援学校（聴覚障害）

　小学部では、幼稚部で早期から培ってきた言語力をベースに、小学校に準じた教育を行います。聴覚障害に配慮して、文字カード、絵、写真、情報機器など、視覚情報を有効活用してわかる授業を行うとともに、聞く（見る）、話す、読む、書くなどの言語活動を充実させて、思考力や表現力を高め、基礎学力の定着を図ります。また、読書などに親しむ態度も養います。児童の聴覚障害の状態などに応じて音声や手話、指文字などのコミュニケーション手段を適切に活用し、意思

の相互伝達が活発にできるようにしています。

（3）特別支援学校（肢体不自由）

　特別支援学校（肢体不自由）に在学する児童で最も多いのは、脳性まひを中心とする脳原性疾患です。肢体不自由のほか、知的障害、言語障害等の他の障害を一つまたは二つ以上併せ有している重複障害の児童が多く在籍しています。身体の動きに困難があることから、様々な体験をする機会が不足しがちです。小学部では、児童の実態に応じて、おおむね３つの教育課程（小学校に準ずる課程、知的障害教育代替の課程、自立活動を主とした課程）で、学んでいます。

　生活面では、生活リズムを整えて集団生活に慣れることや、食事や排泄等も、一人一人の状態に応じて、学んでいます。

　教科指導では、基礎学力を付けて自ら判断し表現する力や行動力を育んでいます。自立活動の指導では身体の動きやコミュニケーション力を培っています。

（4）特別支援学校（病弱）

　特別支援学校（病弱）の多くは、病院等の医療機関が隣接または併設しており、入院または通院による治療を必要とする児童がほとんどです。治療等のために授業時数の制約を受けているほか、学習の空白や遅れ、身体活動の制限、病気の不安等による意欲の低下、社会性の未熟などを伴う場合が多く、在籍期間もそれぞれ異なります。

　そのため、教育課程は「小学校に準ずる教育課程」を基本としつつ、児童の実態に応じて「知的障害教育代替の教育課程」「自立活動を主とした教育課程」を編成する場合もあります。教科指導は、授業時数の制約を考慮しながら、指導内容を精選し、指導方法や教材・教具を工夫しています。また、直接的な体験が不足しがちなので、様々な体験が得られるよう、ＩＣＴ機器等を活用して工夫しています。

　通学できない児童には、教員が病室に出向いたり、家庭を訪問したりして指導をします。環境が整っていれば、テレビ会議システムを活用して、病室などで授業を受けることもできます。

（5）特別支援学校（知的障害）

　特別支援学校（知的障害）では、記憶、推理、判断などの知的機能の発達に遅れが見られ、社会生活などへの対応が難しい児童を対象に、生活に役立つ内容を中心に実際の体験を重視し、児童の主体性や自発性が十分発揮できるように工夫したきめ細かな指導を行っています。

特別支援学校（知的障害）では、児童の障害の状態等に即した指導を進めるために、「教科別の指導」と「各教科等を合わせた指導」を組み合わせて指導を行っています。「教科別の指導」では、知的障害の実態に応じて設定された教科（生活、国語、算数、音楽、図画工作、体育）や、「特別の教科　道徳」「特別活動」のほかに、障害の状態による困難の改善等を図ることを目的とした「自立活動」が設定されています。「各教科等を合わせた指導」は、複数の教科等の内容を合わせて行う特別支援学校（知的障害）の特徴的な指導です。「日常生活の指導」「遊びの指導」「生活単元学習」が、多くの特別支援学校の小学部で行われています。できるだけ実際の生活に近い活動に取り組み、体験を積みながら学ぶことが、知的障害のある児童にとって、効果的であると考えられているからです。

5　特別支援学校中学部における教育

特別支援学校の中学部の教育内容を学びましょう

（1）特別支援学校（視覚障害）

　中学部は中学校に準ずる教育を行い、小学部で学んできたものをさらに伸ばす指導をしています。視覚障害の状態に合わせて、小学部段階で培ってきた情報の入力方法（点字や拡大文字等）の技術に磨きをかけるとともに、教科指導の内容についての理解を深めるための工夫を行っています。

　また、義務教育が終わる段階なので、自分の将来のことについて考えるキャリア教育も教科指導と同様に行っています。ほとんどの生徒は、特別支援学校高等部や高等学校へ進学しています。

（2）特別支援学校（聴覚障害）

　中学部では、中学校に準じた教育を行います。基礎学力の伸長を図るとともに、抽象的な言葉の理解力を高めるなど、言語力の向上に努めています。聴覚障害による情報障害を補うために、情報機器などを活用して、正しい表現と的確な理解を促していきます。また、自ら課題を見つけて解決する力の育成にも努めています。

　生徒一人一人の障害の状態や発達段階に応じて手話や指文字なども活用し、自己の障害理解を促し、種々の活動を通して、積極的に自己表現するなど、自立活動を踏まえた指導にも力を注いでいます。

（3）特別支援学校（肢体不自由）

　中学部では、小学部同様に生徒の実態に応じて、おおむね３つの教育課程（「中学校に準ずる課程」「知的障害教育代替の課程」「自立活動を主とした課程」）で学んでいます。

　各教科においては、基礎学力の定着、伸長に努めています。また、将来の自立や社会参加する力を付けるため、集団性や社会性の広がりを考慮しながら、職場体験や校内実習などの実践的・体験的な活動を展開しています。

　また、生活面の自立に向けて、補助用具（電動車いす、松葉杖等）や補助的手段（コンピュータ、タブレット端末、コミュニケーションボード等）を活用しながら、歩行や移動などの身体機能の向上や、コミュニケーション力の向上に努めています。

（4）特別支援学校（病弱）

　中学部では、小学部同様に、生徒の健康状態や学習状況に応じて、学習を進めます。教育課程は「中学校に準ずる教育課程」を基本としつつ、生徒の実態に応じて「知的障害教育代替の教育課程」「自立活動を主とした教育課程」を編成する場合もあります。

　中学部段階は、社会性が拡大する時期です。入院や治療のため欠席が続くと、学習の遅れや進学の悩み、仲間から取り残されるといった不安感等も高まります。生徒が悩みや不安を言語化できるよう、自立活動の時間等を活用することも大切です。

　学習面、行動面や情緒面、また進学に関する不安については、医療者、保護者、教育関係者等が互いに連携を密に図り、支援していくことが望まれます。

（5）特別支援学校（知的障害）

　中学部では小学部の学習を発展させるとともに、集団生活の中で、目的を共有しながら他の人と協力し、集団の一員としての役割を果たすとともに、生活に必要な知識や技能などを広げ、社会生活につながる指導が行われています。

　教科別の指導では、知的障害者に対する教育を行う教科（国語、社会、数学、理科、音楽、美術、保健体育、職業・家庭、外国語）のほかに、「特別の教科　道徳」「総合的な学習の時間」「特別活動」「自立活動」が設定されています。また、特別支援学校（知的障害）の特徴的な学習である、各教科等を合わせた指導では、小学部から行われている「日常生活の指導」や「生活単元学習」に加えて、「作業学習」も行われています。

　また、中学部では、卒業後の社会生活や職業生活に必要な知識・技能・態度の

育成が大切になります。「職業・家庭」や「作業学習」等を中心に実際的な活動を取り入れた指導も行われています。

特別支援学校の高等部の教育内容を学びましょう

（1）自立と社会参加を目指して

　高等部では、生徒一人一人が社会の一員として主体的に活動し、自立し社会参加することを目指しています。そのために必要とされる知識・技能・態度・基本的な生活習慣の育成は、早期からの積み上げと学校・家庭・地域社会との連携が不可欠です。特別支援学校においては、保護者や関係機関と連携して、障害のある生徒が社会の一員として主体的に活動し自立し社会参加することを目指した教育活動を推進しています。

　また、「高等学校に準ずる教育」を行う視覚障害教育・聴覚障害教育・肢体不自由教育・病弱教育では、高等教育機関への進学等を目指す生徒もおり、こうした進路を目指す生徒のためには、教科学習の充実のみならず、受験に関する支援も行っていきます。

（2）キャリア教育・職業教育の推進

　特別支援学校では、小学部段階からキャリア発達の視点に基づいて児童生徒の職業観や勤労観の育成を図っていますが、特に高等部では、「職業」や「作業学習」をはじめとした卒業後の自立に向けた指導や、企業や福祉機関との連携による「産業現場等における実習（現場実習）」の実施、諸資格の取得等を推進しています。

　特に、現場実習では、企業や福祉機関と連携して、働く場での様々な体験を通して、主体的に進路を考える機会としています。また、進路学習では、キャリア発達の視点で小学部段階からの主体的な職業観や勤労観を育成するとともに、適切な進路情報の提供などに努めています。また、進路学習や面談等を通じて進路に関する情報提供を行っています。

　こうした進路を選択する生徒の一人一人に応じた進路希望を実現するためには、生徒だけでなく、保護者、地域、企業等に対する様々な働きかけが必要になります。例えば、生徒に対しては、進路に関する講演会、ビジネスマナー講習の実施、保護者に対しては、進路に関する講演会、福祉サービス利用についての説

明会、福祉事業所の見学などの実施があります。また、地域や企業に対して、学校の進路指導や作業学習の様子について、説明したり、見てもらったりする企業向け説明会などの実施もしています。さらに、進路指導を進めるために、現場実習先の確保・開拓、企業の雇用状況や求人等の情報の収集なども進めています。

① 個別の移行支援計画等の作成・活用

生徒の卒業後の進路への夢や保護者の期待に応じるために、学校生活から社会生活への円滑な移行を進めるうえで、「個別の教育支援計画」や「個別の移行支援計画」を作成・活用して、関係機関と連携した進路指導・職業教育を進めています。

② 保護者との連携・協力

生徒が就労し、継続して働いていくためには、保護者との連携が不可欠です。最終的に、進路希望を定め進路先を決定するのは本人です。学校は進路希望や進路先の決定に至るまでの過程を保護者と連携しながら支援しています。

③ 関係機関とのネットワークづくり

進路決定には、保護者を含めた関係諸機関との連携が欠かせません。個別移行支援会議では、本人、保護者、進路先担当者、ハローワーク、障害者就労支援センター、福祉事務所等の支援機関、学校関係者等が構成メンバーとなり、就労支援計画の作成を行っています。特別支援学校は、関係機関と連携しながら、進路先への支援、卒業生の雇用促進、職域の拡大などの就労支援に努めています。

（3）特別支援学校高等部専攻科の職業教育

高等部に専攻科を設置している特別支援学校もあります。多くの専攻科は、特別支援学校（視覚障害）と特別支援学校（聴覚障害）に設置されていますので、ここでは、特別支援学校（視覚障害）と特別支援学校（聴覚障害）について紹介します。

特別支援学校（視覚障害）では、高等学校卒業資格で入学できる専攻科が設置され、あん摩マッサージ指圧師を目指す「保健理療科」、あん摩マッサージ指圧師に加えてはり師、きゅう師を目指す「理療科」や「理学療法科」のほか、学校によっては「音楽科」等があり、職業自立のために学んでいます。こうした専攻科には、卒業生のほかに、中途で視覚障害になった人が資格取得のために入学する場合もあります。

特別支援学校（聴覚障害）では、職業能力の向上や資格取得を目指した専門的な事項を学ぶ場として、専攻科を設置している学校もあります。中には、理容師・美容師、歯科技工士を目指すために学ぶための専攻科を設置している学校もあります。

あなたが介護等体験をする特別支援学校について整理しましょう。

学校名	
設置してある障害種	視覚障害　聴覚障害　肢体不自由　病弱　知的障害
設置してある学部	幼稚部　小学部　中学部　高等部　高等部専攻科
学校教育目標	● ● ● ● ● ●
児童生徒数	＿＿＿＿＿＿＿＿＿＿学部＿＿＿＿＿＿＿＿＿人 ＿＿＿＿＿＿＿＿＿＿学部＿＿＿＿＿＿＿＿＿人 ＿＿＿＿＿＿＿＿＿＿学部＿＿＿＿＿＿＿＿＿人
その他	

○ 特別支援学校は、ほとんどの学校で WEB サイトを開設しています。実際の介護等体験の前に、WEB サイトを見て、事前学習をしましょう。

特別支援学校の教育

介護等体験の実際
～これだけは押さえておきたい！　実践編～

1 　介護等体験の手続き

介護等体験は、大学と教育委員会、特別支援学校の連携によって実施される

　皆さんが所属する大学等は都道府県や政令指定都市の教育委員会に一括して介護等体験の申請をし、教育委員会は介護等体験受入校と、体験の日程、受入人数を調整します。介護等体験受入校は、通常の教育活動を進めるなかで、教員を目指す皆さんが充実した体験ができるよう、様々な調整や準備をしています。

　大学等の多くは、介護等体験を希望する学生を対象として「介護等体験ガイダンス」や「事前指導」等の説明会を実施しています。説明を受け、十分な準備を進め、また障害のある児童生徒との関わりや特別支援学校の教育について、主体的に事前学習を行ってから、介護等体験に臨むようにしてください。

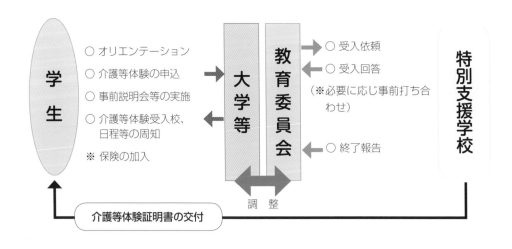

学校によっては、介護等体験の事前の打ち合わせを設ける場合があります。

> ① 学校概要（教育内容、対象とする児童生徒等）
> ② 介護等体験の日程（集合時刻と場所、終了時刻、体験の内容、流れ等）
> ③ 持ち物、服装
> ④ 介護等体験における注意事項、事前準備、心構え等
> ⑤ 万が一、欠席等せざるを得ない場合の連絡方法等

　事前打ち合わせがない場合は、大学等を通じて、上記の内容を記した文書が配布されますので、確認してください。

2 特別支援学校の体験の概要

一般的な介護等体験のスケジュール

　学校ごとに体験の内容や進め方は異なりますが、ここでは、一般的な介護等体験のスケジュールを紹介します。

1日目

時刻	内容	場所	備考
8:30	集合 職員朝会で挨拶	介護等体験控室 職員室	身だしなみを整え、集合時間に遅れないようにしましょう。
9:00	授業参加 ○クラスで自己紹介 ○授業見学・参加	教室	担任の指示により、活動に参加しましょう。
12:30	給食（体験生は弁当）	食堂または教室	児童生徒と関わって一緒に食べましょう。
13:30	授業参加 ○授業見学・参加	教室	
15:30	休憩	介護等体験控室	
16:00	介護等体験の記録作成	介護等体験控室	
17:00	解散		担当の教員等へ挨拶をしてお帰りください。

2日目

時刻	内容	場所	備考
8:30	集合 職員朝会で挨拶	介護等体験控室 職員室	朝のうちに2日間のお礼を伝えましょう。
9:00	☆学校行事への参加 または授業参加	教室	担任の指示により、参加しましょう。
12:30	給食（体験生は弁当）	食堂または教室	1日目と違う児童生徒と関わってみましょう。
13:30	授業参加 ○授業見学・参加	教室	
15:30	休憩	介護等体験控室	
16:00	介護等体験の記録作成 ★証明書の受領	介護等体験控室	証明書が発行されます。
17:00	解散		担当の教員等へ挨拶をしてお帰りください。

3 ルールとマナー

ルールとマナーを必ず守って、
介護等体験に臨む

　特別支援学校における介護等体験は、小学校、中学校教諭の免許取得希望者が、障害のある児童生徒が学ぶ特別支援学校で介護等の体験を行い、その体験をこれからの教員としての活動に生かすことを目的として行われています。

　特別支援教育の考え方が広がり、小学校、中学校においても、特別な支援を必要とする児童生徒の特性を理解し、適切に指導することが求められています。その意味でも、介護等体験は非常に重要なものとなってきています。

　皆さんにとっては体験の場ですが、特別支援学校で学ぶ児童生徒にとっては毎日が貴重な学習の機会です。児童生徒の大切な時間を利用して、体験の機会を得ているということを忘れずに、真剣に取り組んでください。

（1）絶対やってはいけないこと

① 個人情報の漏洩 ―守秘義務を守ってください―

障害のことや家庭の事情など、児童生徒の個人情報を知る機会もあると思います。知り得た個人情報を、介護等体験期間中の行き帰りの交通機関内で知人に話したり、家庭に戻って家族に話したりすることはやめましょう。

介護等体験終了後も、個人情報を他者に話したり、個人情報を記録したものを学校外に持ち出したり、電子データに保存したりすることは、決してしないでください。児童生徒とその家族の個人情報は、個人情報保護法により厳しく守られていることを忘れないでください。

【個人情報の保護】について考えてみましょう

児童生徒と一緒に過ごす間に、名前や住所など個人に関する情報を知ることになります。教員（もちろん介護等体験をしている皆さんも）には立場上、守秘義務があり、学校の中で知った個人情報は、校外において友人はもちろん家族にも漏らしてはいけません。「個人情報保護法」や、2013（平成25）年6月に成立した「障害者差別解消法」によって、児童生徒の個人情報は守られています。

デジタルカメラやスマートフォン等で一緒に写真を撮ることもやめましょう。電話番号・メールアドレス・SNSのID交換などもしてはいけません。紙に書いた連絡先を受け取ってしまった場合などは、必ず担当教員に申し出てください。

② 無断での遅刻・早退・欠席

特別支援学校では、皆さんの介護等体験のために、年度当初から担当教員を決め、実施計画を作成して準備をしています。担当教員だけでなく、特別支援学校の全教職員が皆さんの介護等体験が充実したものとなるよう、協力しています。児童生徒も保護者も皆さんに期待しています。

この貴重な機会を皆さん自身で充実させることにより、皆さんが自分自身を見つめ直し、介護等

体験で得た経験を将来、教育現場で生かしてくれることと期待しています。

　無断で遅刻・早退したり、欠席したりすると、多くの方の期待を裏切ることとなります。無断での遅刻・早退・欠席は、決してしないようにしましょう。

　万一、当日の体調不良、交通機関のトラブル等で遅刻・欠席しなければならない状況になったときは、体験開始時刻前に、必ず連絡を入れてください。

　また、遅刻・欠席等したことを、大学等にも自分から申し出るようにしてください。

③　感情的に接したり、なれなれしく接したりすること

　児童生徒に接するときには、一時的であっても感情を高ぶらせたり、児童生徒の人権を軽視する言動を取ったりすることが決してないようにしましょう。自分の気持ちをうまく伝えられない児童生徒もいますが、将来教員を目指す皆さんは児童生徒の気持ちに寄り添った介護、支援、交流が重要です。皆さんが自分の気持ちをコントロールして児童生徒に接してください。

　また、児童生徒と親しくなり、友達づきあいのように、なれなれしい態度や言葉づかいになることも慎みましょう。児童生徒から申し出があっても、電話番号やメールアドレス、SNS 等の ID 交換をしてはいけません。学校外で友達づきあいをすることは絶対にやめましょう。皆さんの方から、「それはできない」と、きちんと断ってください。

④　安全を配慮しない行為

　特別支援学校では、児童生徒の安全にとても配慮しています。身体に接することもあるかもしれませんが、力ずくで無理な姿勢をとらせたり、激しい動きを強制したりすることは絶対にしてはいけません。児童生徒自身がケガをしたり、他者にケガをさせたりする危険な行為が見られたら、速やかに担当教員や近くの教職員に連絡をしましょう。

　また、アレルギーに対する配慮も大切です。子供によっては、アレルギー反応のある食材を除去したり、特別食を提供したりしている場合もありますので、食べ物をあげることはしないでください。例えば、給食のときに、皆さんのお弁当をあげてはいけません。また、遠足等の引率に同行する場合も、おやつなどの食べ物をあげてはいけません。

★「介護等体験」の修了を認められない場合

　介護等体験は、取り組み状況によって「優・良・可」などの評価はしません。

　しかし、人権尊重等の観点から明らかに社会通念上問題がある場合などには、体験を修了とは認めず、介護等体験証明書は交付しないこともあります。

　残念ながら、これまで次のような問題があったために、介護等体験を取りやめにした例があります。

● 体験校では待っていたにもかかわらず、当日遅刻をして昼近くになって来た。体験校への連絡がなく、理由も明確でなかった。

● 誰にも連絡せずにいなくなり、体験校の先生方が心配して調べた結果、自宅に戻っていた。

● 体験校へ連絡せずに欠席した。

● 児童生徒への不適切な発言（差別的な言葉など）、乱暴な行為をした。

● 体験にふさわしくない服装で、服装の乱れ等もあるため、教育の場と考えて身だしなみを整えるよう注意しても改めなかった。

● 介護等体験当日、朝、コンビニエンスストアでアルコール飲料を購入し飲酒をして学校に来た。

● 介護等体験中に、校内のトイレで喫煙した。

　特別支援学校は、障害のある児童生徒の教育活動の場です。皆さんの服装や言葉づかいも、児童生徒が見習う模範となると考えてください。

（2）常識的にしてはいけないこと

　介護等体験は、特別支援学校の通常の教育活動の場を借りて体験をするものです。特別支援学校の本来の目的や、皆さん自身の立場をきちんと理解していただければ、大きなトラブルは考えられません。

　しかしながら、中には、事前に体験の実施要項を取りに来ない学生や、アルバイトのために行けないので要項をファクシミリで送ってほしいという要求をする学生など、学校側が対応に困る場合もあります。繰り返しになりますが、自分は特別支援学校で体験をする大学生であるということを自覚し、教育の場にふさわしい行動・言動を心がけてください。

① 介護等体験の目的・意義を踏まえた行動を

　普段接することが少ない、様々な障害のある児童生徒の学習や、生活の様子をよく観察し、児童生徒との関わり、支援を行っていくうえで身に付けるべき姿勢や視点を体験的に学習するために、「学生」以上に「社会人」としての責任感をもつことが大切です。

② 無駄話をしない

　体験校の指導に従って介護等体験をすることはもちろんですが、説明や指示をしっかりと聞くようにしましょう。説明を聞く場面ばかりでなく、児童生徒との関わりの場面などにおいても、体験生同士での会話・無駄話は控えましょう。

③　体験に必要ないものは身に付けない

学生生活では、常時、スマートフォンや携帯型音楽プレーヤーなどを身に付けている人もいるでしょう。しかし、体験中は、体験に必要のないもの、過度な化粧・香水、ネックレス・イヤリング等のアクセサリーをはじめ、スマートフォン、携帯型音楽プレーヤー、財布、貴重品などを持ち歩かないようにしましょう。

長い髪は束ねるなどして、服装も活動に応じた衣類を考えることが大切です。

④　体調不良の場合は体験できない

学校には衛生面・健康面で十分な配慮を必要としている児童生徒がいる場合があります。感染に弱い児童生徒も多くいます。手洗い、うがい、着衣の洗濯、洗髪、爪切りなど、特に注意することが大切です。当日、発熱や嘔吐・下痢をしている場合は、体験を控えてください。直近まで同様の症状があった場合で、医師が外出を許可した場合でも、そのような状態にあったことを特別支援学校の担当に伝えてください。直接児童生徒と接する活動は控えていただくこともあります。

いずれにしても、介護等体験に向けて体調を整え、体験期間中の夜間のアルバイトや飲酒についても控えて、健康管理に留意しましょう。

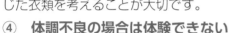

【伝染病の感染予防】について考えてみましょう

● 麻疹や風疹等の予防接種は受けていますか？

特別支援学校に限らず、麻疹や風疹は「学校において予防すべき伝染病」と定められています。特に特別支援学校には、麻疹や風疹等の感染症に罹患しただけでも命に関わるような児童生徒が通学しています。

学校で感染拡大して迷惑をかけることのないよう実習が始まる前には、麻疹や風疹等の予防接種の確認や抗体検査を必ず受けておきましょう。

中でも麻疹は、非常に感染力が強く、今のところ効果的な治療薬がないため、特に予防接種が必要と言われています。麻疹等は罹患してから発症までに潜伏期間があります。周囲で感染症にかかった人がいる場合には、健康状態をチェックしましょう。体温測定をしたり、必要に応じて医師の診察を受けたりすることも大事です。

● インフルエンザの予防について

インフルエンザも感染力の高い病気です。介護等体験前は、インフル

エンザに感染しないように十分な注意が必要です。

　インフルエンザの予防接種は、あくまでも任意ですが、予防接種を受けて感染しないようにしたいと思う人は、効果が出るまでに2〜3週間かかるといわれていますので、事前に余裕をもって受けておきましょう。

　また、インフルエンザにかかっている人と直接接触した場合は、必ず学校に接触したことを伝えておきましょう。マスクも忘れずに着用しましょう。

⑤　「介護等体験証明書」を紛失しない

　「介護等体験証明書」は教員免許状を取得する際に必要な証明書です。その手続きを行うまでの期間に証明書を紛失してしまう体験生がいます。住まいを移転した際などに、紛失してしまうケースが多く見られます。

　証明書の再発行は原則として行わないので、紛失した場合には、介護等体験を再度行わなければならないこともあります。証明書を交付されたら、「重要」と明記したファイルに入れるなど、保管をしっかりしておくことが大切です。

⑥　社会人としての常識とマナーを守る

　常識は、社会生活を送るうえで守るべき「当たり前」のルールと言えます。マナーは、他人に対する気づかいで、守らないと人に不快感を与えるような決まり、時と場と機会（ＴＰＯ）を考慮した作法とも言えます。

　介護等体験を通して、児童生徒や教職員と関わる際に、社会人として、教員を目指す人間として、常識とマナーは守らなければなりません。地域によって「当たり前」の内容が異なる場合がありますが、いずれにせよ、自分の言動が一般の方々に不快感を与えないこと、教員を目指す学生として、児童生徒や保護者の立場に立って考えることなどに気を付けて行動していれば、大丈夫です。自分の言動が、相手にどのように伝わっているか、周囲の受け止め方・空気を感じる感性が大切です。

　介護等体験に限らず、学校の中では、以下のことは慎むべき行為です。

● 飲食・喫煙はしない

　昼食・休憩時以外は飲食してはいけません。ガム噛みもいけません。学校は敷地内全面禁煙です。ただし、夏の期間等、水分補給が必要な場合は学校の指示に従ってください。

● 華美な服装、化粧

　介護等体験に適した服装・身だしなみをしていることに尽きます。化粧はナチュラルなものにとどめ、トイレで道具を広げて化粧直しをするなどの行為はやめましょう。

⑦　体験に行けなくなったときの対応

　緊急時の連絡先は携行しておき、行けなくなった場合はできるだけ早く、体験校と大学に連絡をします。

● 数日前に行けないことがわかった場合

　体験校及び大学に相談します。

● 前日の夜に行けないことがわかった場合

　夜間は連絡がつかない場合が多く、その場合には、当日の朝連絡します。電話番号等を聞いたときに、学校側の電話対応が可能な時間帯を併せて聞いておくことが必要です。

● 当日急に行けなくなった場合

　理由として、公共交通機関の事故、自然災害、体調不良、交通事故などが考えられますが、いずれにしても、無断遅刻、無断欠席はいけません。

　速やかに、体験校及び大学に理由等を含めて連絡をして、指示を仰ぎます。まず、深呼吸して、気持ちを落ち着かせましょう。理由が自分の不注意等である場合は、特に誠意をもって対応しましょう。

　次の体験については、大学に希望を述べ、大学から体験校に連絡をしてもらいます。学校で調整をして、対応してもらえる場合もありますので、まず、大学に相談してみましょう。

（3）望ましいマナーとは

① 児童生徒の生活や活動を尊重する

　学校は児童生徒の生活の場であり、活動の場です。したがって、当然児童生徒の生活や活動が最優先となります。児童生徒が何を望んでいるか、その立場に立って考えることが大切です。逆に、児童生徒の自立を損なうような過剰な関わりなどには注意してください。

② 挨拶をしっかりする

　笑顔での挨拶は出会いの基本です。挨拶はきちんとしましょう。児童生徒が皆さんを見習います。

③ 児童生徒の人権を尊重する

児童生徒を呼び捨てにすることは絶対にしてはいけません。敬称をつけて名前を呼びましょう。

一人一人の児童生徒の人権を尊重した対応に配慮しましょう。

同情の目、好奇の目、不必要なおしゃべり、ひそひそ話、指さしなどに気を付けましょう。

児童生徒のプライドに配慮した支援をしましょう。

【児童生徒の人権】について考えてみましょう

● 適切な言葉づかいをする

基本的には、どの学部、どの年齢が対象であっても敬語で話しましょう。特別支援学校には、言葉を話さなかったり、うまく発声できなかったりして、言葉によるコミュニケーションが苦手な児童生徒もいます。一見、「言葉がわからないのではないか」と思うかもしれません。しかし、表現が苦手な児童生徒でも、話しかけられた内容を理解できることは多いのです。ためらわず、話しかけてみてください。

話すときは、周囲の教員の話しかけを参考に、小さな児童生徒にはゆっくりとわかりやすく、卒業後の社会参加を目指している高等部の生徒には社会に出てからの手本となるように、年齢を意識して話すようにしましょう。

● 身体接触を避ける

児童生徒の中には、初対面の人にも身体を触ってコミュニケーションをとろうとする子がいるかもしれませんが、性的関心からではないとしても、中学生や高校生が他者に軽々しく触れることは好ましいことではありません。そのようなときは「お話するときは、ここに立って話しましょう」と立つ場所を指し示すなどして、どうすればよいか具体的に伝えましょう。

「触らないで」ときつく注意してしまうと、コミュニケーションをとろうとしなくなってしまうこともあります。どうすればよいか、その子がわかりやすい方法で伝えましょう。知的障害があっても、中学生・高校生としてふさわしい関わり方があります。

● **本人の前で、「障害」については言わない**

　「この子は、見えていない」「これも聞こえないんだ」

　「これもわからないの？」「何て言っているか、全然わからない」

　児童生徒の前で、障害の特性やその子の状態について、他の人と話すことはどうでしょうか。皆さんも、自分の前で他の人が自分のことについて話をしていたとしたら、嫌な気分になると思います。障害のあるなしに関係なく、自分がされて嫌なことを他の人にしてはいけません。

　特定の児童生徒の障害に関すること、特性に応じた適切な関わり方、接し方については、控室で担当の教員に質問するなどして、適切な理解を深めてください。

④　**心のつながりを大切にする**

　児童生徒との心のつながりは、とても大切です。児童生徒は皆、明るく元気な子供たちが多いです。初めての場所で、皆さんはきっと緊張してしまうと思いますが、大事なことは、自分から好意をもって児童生徒に声をかけてみることです。

　児童生徒との初対面のときに、気持ちよく挨拶を交わしてみてください。児童生徒との関係は、そのときから始まります。

　また、表出する言葉の少ない児童生徒と接するときには、今どんなことをしようとしているのか、何を思っているのかなど、表情や行動面から児童生徒の要求や内面を察知することが必要となります。

　何よりも大切なのは、相手を理解しようとする豊かな感受性です。皆さんが自分のことに関心をもってくれているということが伝わると、児童生徒の方から視線を向けてくれるでしょう。

⑤　**しっかりと伝わる声で話す**

　挨拶や話をするときは、大きな声で、しっかりと伝わるように話しましょう。担任や一部の教員だけでなく、体験校の教員全員に挨拶をする心構えで臨むとよいでしょう。職員室に入ったときも、しっかりとした挨拶ができれば、印象がよくなります。

⑥　**判断に迷ったら、担任に指示を仰ぐ**

　児童生徒と接するときに、どう接してよいのかわからないことがあると思います。特に身辺処理などの場面において、声かけや支援の程度等、判断に迷うことでしょう。そのようなときは、まず担任の教員に指示を仰いでください。

⑦　**積極的な態度で介護等体験に臨む**

　特別支援学校では、授業において様々な教材・教具などが工夫され、一人一人

の教育的ニーズに応じたきめ細かな教育が実践されています。ここでの体験は、普段の生活では経験できないことです。とても貴重で有意義な時間であることを自覚し、積極的な態度で介護等体験に臨み、児童生徒と関わりましょう。

　経験したことのないことを体験するとき、そこには素直な驚きや、素直な感動が生まれます。この介護等体験は、きっと皆さんの将来の職業生活、社会生活に生かされることになるでしょう。

⑧　体験中はスマートフォン等の電源を切っておく

　介護等体験中であることを自覚し、スマートフォン等の電源を切り、教室等に持ち込まないのは当たり前のことです。介護等体験に専念し、児童生徒から目を離さないでください。

⑨　体験生同士の私語は慎む

　目的意識をもち、介護等体験を通してしっかりと学ぼうという姿勢であれば体験生同士の私語はないはずです。

　体験中のやる気のなさや眠たそうな態度も目的意識の欠如からくるものです。

　しっかりと目的意識をもって介護等体験に取り組んでください。

（4）服装・持ち物
①　服装について

　貴重な時間を割いて体験を受け入れてくださった学校に感謝し、失礼のない服装、身だしなみを心がけましょう。さらに、学校という場は児童生徒にとっては大切な学びの場であります。児童生徒の活動を妨げないように服装にも配慮することが必要です。

【介護等体験に行くときの服装】について、考えてみましょう

● どんな服装で行けばいいの？

　　初日と最終日には必ず校長先生や教職員の方に挨拶をする機会があります。初めて訪問する学校、お世話になった方々に対して失礼のないように、スーツ等、服装を整えて臨みましょう。

● 「動きやすい服装で」と指示があったら

　　動きやすい服装＝ラフな服装ではありません。友達と遊びに出かける

ような服装では困ります。

　校内での上履きもかかとのある靴を用意します。サンダルやスリッパなどでは、児童生徒の安全を守ることができません。

● **ファッション性より大切なこと**

　長い髪、マニキュア、イヤリング・ネックレス等は、児童生徒の興味をひいてしまい、触りたくなったり、授業に集中できなくなったりすることがあります。長い髪は束ねる、アクセサリー類は外すなどの配慮が必要です。

　児童生徒は学校で、場に応じた服装と相手によい印象を与える身だしなみの大切さを学んでいます。皆さんも、そのお手本となるような服装と身だしなみをお願いします。

② **持ち物について**

　持ち物については、事前に学校から連絡がある場合もありますし、大学等の事前指導で指示がある場合もあります。

　着替え（運動着）、上履き（運動靴）、弁当、筆記用具、印鑑等は、介護等体験の持ち物の基本です。

　その他、連絡内容を確認して、忘れ物がないようにしっかり準備して臨みましょう。

【持ち物】について、考えてみましょう

● **例えば、「筆記用具」と指示されたら**

　皆さんの中には、書くものがあればよいと思う人がいるかもしれません。しかし、どのような状況で必要なのかわからない場合は、鉛筆（シャープペンシル）、消しゴム、ボールペン、赤ペン、蛍光ペン、定規、修正ペン、メモ用紙などを持参するのがよいでしょう。

　学校により感想文の提出を求められる場合がありますが、提出物は基本的には黒のペンで書きます。

● **体調管理に必要なものは各自で準備**

　持ち物として記載されていなくても、暑い時期は十分な量のお茶や水を、寒い時期には外で体育等を行う場合もあるので調節できるように防寒着を持参し、各自で体調管理を行うようにしましょう。

● **持ち物をなくさないために**

　教室に持ち込むもの（水筒、靴、帽子、タオルなど）は、児童生徒が間違えないように記名したり、袋に入れてひとまとめにしたりしましょう。

③ スマートフォンについて

　現在、一人１台と言っていいほど普及しているスマートフォン。特別支援学校の児童生徒の中にも非常に興味・関心が高く、実際に携帯している児童生徒もいます。普段何気なく使っている携帯機器でも、介護等体験中は様々な注意が必要です。

【スマートフォン等】について、考えてみましょう

● スマートフォンは必要ですか？

　スマートフォンは授業中に必要なのでしょうか。授業中は授業用の機材がありますし、個人的に外部と連絡する必要もないでしょう。緊急の場合は担当教員に申し出て連絡を取れば済みます。また、外部からの緊急連絡は所属の大学へ連絡してもらうよう手配しておきましょう。

● 児童生徒の状況を考えて

　特別支援学校に通う児童生徒の中には、心臓ペースメーカーのような直接生命に関わる機器を装着している場合もあります。携帯機器等から発する電磁波は生命維持に直接関わると言われていて、携帯機器等は保護者や教員もとても注意して扱っています。

4　具体的な場面でのルールとマナー

（１）給食の時間

　給食は、児童生徒がとても楽しみにしている時間です。そして、少しでも好き嫌いがなくなり、しっかり食べることができるようになるための、また、マナーを守って食べることができるようになるための大切な支援の場でもあります。そのため、給食の時間において配慮してほしいことがいくつかあります。

● 児童生徒のお手本として

　児童生徒は大人の様子を見て学んでいきます。児童生徒のよい手本となるように、よい姿勢で、行儀よく、よく噛んで、おいしく食べるようにしましょう。

● その児童生徒に必要な支援を

　上手に食べられずにいる児童生徒を見ると、手を貸したくなることもあるでしょう。しかし、手を貸すことで、自分でできつつあることを止めてしまうこ

III

介護等体験の実際　〜これだけは押さえておきたい！　実践編〜

とがあります。支援の内容は児童生徒一人一人で違います。まず見守り、支援が必要かどうか、また、どのように支援したらよいのかを、担任の教員に確認してから行いましょう。

● **自分の弁当を食べる場合　―しっかりとしたお弁当を―**

　児童生徒は栄養バランスのとれた、適度な量の給食を食べています。準備をするのは大変かもしれませんが、皆さんもバランスのとれた弁当を準備しましょう。

　また、皆さんの弁当に興味をもち、食べたいと訴えてくる児童生徒がいるかもしれません。しかし、食物アレルギーなどの理由のため食べていいものが限定されている場合もあります。そのようなときは、自分の給食をしっかり食べるように促してあげましょう。

● **児童生徒と同じ給食を食べる場合　―準備や片付けをしっかりと―**

　準備や片付けなど、その学校でのやり方があり、児童生徒はそのやり方を学び、集団で食事をするときの大切なことを学んでいます。

　皆さんも同じように準備や片付けをしましょう。

（2）運動会・体育祭

　運動会・体育祭などの体育的行事は、児童生徒が体力の向上等を目的とした日頃の運動の成果を発表する場です。自信をもってその力を発揮するために、教員は競技や演技指導以外にも様々な係を分担しています。それらの係の一部を体験したり、一緒に応援をしたりすることを通して、力を出し切る児童生徒の姿を実感できると思います。

　児童生徒が、個別の課題に応じて日頃積み重ねてきた学習の成果を出し切る姿に触れることは、将来教員を目指す皆さんにとって貴重な経験となることでしょう。「介護等体験」の意義をよく考え、意欲的に参加してほしいと思います。「介護等体験」で運動会という行事に参加するのは、ボランティアとしての参加とは意味が違います。「介護等体験」の目的をしっかりと意識して参加してください。

　また、運動会・体育祭など体育的行事には児童生徒の家族や来賓の方々などが大勢来校されます。「介護等体験」の体験生とはいえ、外部の方は教員と同様に

見ています。名札の着用や挨拶、ふさわしい服装は言うまでもありません。きびきびした動きを心掛け、受け身ではなく積極的な態度で参加してください。

運動会は長時間にわたりグラウンドなど屋外で活動することにより、体調を崩す児童生徒が出ることも考えられます。担任の教員の指導の下、児童生徒の体調や安全にも配慮が必要です。万一ケガや事故が起こったときには、自分だけの判断で行動せずに、すぐに担任の教員や、近くにいる教員に知らせましょう。緊急時の校内体制に基づいて対応します。

（3）文化祭・学習発表会等

　文化祭・学習発表会等はステージ発表や展示等を通して、日頃の学習成果を発表したり、文化や芸術に親しんだりする場です。ステージ発表等で児童生徒が一人一人輝く場面を実感できるよい機会となります。短期間の体験ですが、ステージ発表での児童生徒の姿からは学ぶものや心動かされる場面が必ずあるはずです。それは「介護等体験」に参加する皆さん一人一人の意識と視点のもち方によります。構える必要はありません。「介護等体験」を受け入れる側が体験生に求めていることは、専門的知識や介助技術よりも、体験に臨む姿勢です。

　学校行事では、学級に入って児童生徒の介助に当たる以外に、さまざまな係分担を任される場合もあります。例えば、係分担として写真撮影などを任された場合、個人情報保護の観点から、カメラを不用意に置きっぱなしにしたり、紛失したりすることがないよう気をつけましょう。学校には児童生徒の個人情報がたくさんありますが、写真も重要な個人情報です。また個人のカメラの使用やスマートフォン等でのカメラ撮影は、同じ理由で絶対にしないでください。

　文化祭・学習発表会等は運動会・体育祭等と同じように、地域に開かれた学校づくりの取り組みでもあります。周りから常に注目されています。服装・挨拶は当然ですが、不要なおしゃべりなどすることがないよう心がけましょう。

体験生同士が愛称で呼び合うことも望ましくありません。児童生徒への言葉づかいにも十分注意してください。

（4）体育、体力づくり、体育の時間等の介助

特別支援学校における体育では、適切な運動の経験や安全についての理解を通して、健康の保持・増進と体力の向上を図るとともに、将来にわたって明るく豊かな生活を営む態度を育てることを目標にしています。一人一人の障害の実態に応じてできることは様々ですが、身体運動を一人一人に適した内容と量で行うことによって、体力をつけ、活動力のある身体をつくることにつながります。

体育や体力づくりの時間には、児童生徒は開放的になり、動きが活発になりがちです。学校の管理下における事故災害の中で最も多い事故は、運動に関連したものです。

体育、体力づくりの時間では、ただ児童生徒のそばについていたり、参観していたりするのではなく、担当教員の指導をよく聞き、不慮の事故が起きないように、ルールとマナーを守り、安全面での細心の注意を払うことが必要です。

体育、体力づくりの時間に、安全に介助等を行うためには、動きやすく、体育の時間にふさわしい服装や運動に適した靴を着用してください。

また、プールで水泳指導があるときには、華美でない水着や水泳帽など、指示されたものをきちんと持参し、正しく身に付けましょう。化粧や装飾品も必要ありません。

プールの中に入り児童生徒の支援をするほかに、プールサイドで監視をする役割も事故防止の面から重要です。私語をしたり、よそ見をしたりすることのないようしっかり監視をしてください。自分の体調がすぐれずプールに入れないときは、無理することなく、自分から担当教員に説明し、了解を得ましょう。

また、中学部や高等部の生徒は、思春期であり、異性への関心があります。ほ

かの場面でも共通する注意事項ですが、不適切な身体接触がないよう、配慮が必要です。

（5）学習の時間（特別支援学校（知的障害））

知的障害のある児童生徒は、学習の時間に生活に役立つ具体的な活動を行っています。机上での学習もありますが、体験型の学習も多くあります。このため、授業に入って活動するときに配慮してほしいことがいくつかあります。

● 共に楽しく一生懸命に活動

児童生徒は教員の活動する姿を見て学んでいきます。皆さんも共に活動することになります。よい手本となるように、楽しく一生懸命に活動してください。

● 言葉だけに頼らないコミュニケーション

言葉でのコミュニケーションが難しい児童生徒もいますが、それぞれの方法でコミュニケーションをとることができます。児童生徒は相手の表情、視線、動き、発する声の抑揚などから思いを感じ取ることができるのです。また、言葉を発しない児童生徒は、動きや表情、視線、声で思いを伝えようとします。言葉以外のエッセンスをたくさん盛り込んで、児童生徒とのコミュニケーションを行いましょう。

● その児童生徒に必要な支援を

児童生徒がスムーズに活動できずにいると手伝いたくなるでしょう。しかし、その手伝いが児童生徒の自立しようとする育ちを止めてしまうことがあります。どのような支援をどこまで行うかは、担任の教員に確認しましょう。手を貸すのではなく、そばで見守り励ますことも大切な支援です。

● 児童生徒の作品はどれも大切な宝物

授業で作る児童生徒の作品はどれも大切な宝物であり、その子のすばらしい表現です。大切に扱うようにしてください。

（6）朝の会／下校指導（特別支援学校（知的障害））

　特別支援学校（知的障害）の朝の会や下校指導は、多くの学校では、教育課程上「日常生活の指導」として位置付けています。生活の流れに沿った実際的な場面で指導し、将来の望ましい社会参加を目指します。日常生活や社会生活に必要な技能や習慣が身に付くために必要な活動を、ほぼ毎日反復して行います。

　基本的な生活習慣の内容だけでなく、挨拶、礼儀作法、決まりを守ること、友達との関わり方など集団生活を送るために必要な内容も含まれています。

● 朝の会

　朝の会では、挨拶、呼名、健康観察、月日、天気、今日の予定、手遊び歌や体操、読み聞かせなどの活動を、各学年や学級で、内容を工夫して行っています。毎日繰り返し根気よく活動を行うことで、児童生徒一人一人の実態に応じた方法で、挨拶や返事ができるようになります。

　月日の読み方を覚える、天気を知る、今日の予定を確認することで、一日の生活に見通しをもち、手遊び歌を楽しむなどの活動に参加することで、学校生活の一日を気持ちよくスタートすることができます。

● 下校指導（帰りの会・終わりの会）

　下校指導は、着替え、持ち物の整理、トイレに行く（下校準備）、連絡帳を記入する、今日の活動を振り返る、明日の予定を知る、歌を歌ったり挨拶をしたりする（帰りの会）、靴を履き替える、スクールバスを利用する（下校）といった、下校のための一連の活動です。

　登校時刻や下校時刻など、様々な決まりがあることに気付き、決まりを守ることを指導内容にあげ、継続的に指導を行います。事前に決まりやマナーを視覚的に示したり、タイマーで時間を知らせたりするなど、わかりやすい支援を行っています。

　朝の会や帰りの会では、児童生徒の実態に応じて、カードやＶＯＣＡ（音声出力装置）等を活用して、様々な手がかりや環境を整えることで、司会進行をしたり、発表をしたりするなど、一人一人の自立的、主体的な活動が期待できます。

　持ち物の整理、下校準備など身の回りの整理については、

児童生徒の実態に応じて、一人一人のシンボルマークを決めたり写真や名札を貼ったりすることで、自分の持ち物の収納場所がわかるようになります。教室の環境を整え、必要に応じて個別に手順書を用意することで、自立的に取り組みます。

　介護等体験を通して、障害のある児童生徒への配慮とは何かについて考えてみましょう。

（7）清掃（特別支援学校（知的障害））

　清掃は、学校でも、家庭でも、卒業後の働く場でも、必要な活動です。自立的な生活をするための基本的な活動として、特別支援学校（知的障害）では、日常生活の指導の中に位置付け、毎日反復して行い、年齢や児童生徒の実態に応じて系統的、発展的に取り組んでいます。

　清掃は、知識や技術を身に付けるだけでなく、効率よく掃除する力や身の回りを整理整頓する力、最後まで取り組む態度を養います。また、皆が使う教室を清掃することで、皆の役に立とうとする気持ちや協力する気持ちを育てたり、きれいにできたことを評価することで、達成感や自己肯定感を育てたりすることができます。

　清掃では、主に雑巾がけ、掃き掃除、掃除機の使用、モップがけ、窓ガラス磨き、机拭き、黒板の掃除、ごみ捨て、用具の整理などを行います。清掃用具の正しい使い方、手順、用具の準備や片付けなど一人一人の実態に応じて、ねらいや手だてを考え、評価を行いながらスキルアップを目指します。キャリア教育の視点で、将来を見据えた個々の指導内容を設定しています。

● 視覚的な支援を

　清掃をする場所や手順、方法については、事前に視覚的にわかりやすく提示することで、児童生徒は、見通しをもち、主体的に活動することができます。用具の片付け方や片付ける場所を視覚的に示すことで、自立的に取り組めます。
　清掃の後は、振り返りをして、自己評価や他者による評価をすることも大切です。掃除の仕方をステップアップするだけでなく、できたことを評価することで、清掃への興味・関心を高め、自己肯定感を育み、働く意欲を養います。

（8）プールでの指導（特別支援学校（知的障害））

　プールを利用した体育の授業は、小学部の一段階では「水遊び」、二段階・三段階で「水の中での運動」、中学部では「水泳運動」、高等部では「水泳」と、内容の表現が変わりますが、多くの児童生徒にとって魅力的で楽しい学習の時間です。

　学校のプールは、管理規則に従って、教員が日々分担して機器を操作して適切な水質管理を行い、プール日誌を作成して、気温・水温・入水人数・塩素濃度等を記録しています。家庭とは健康観察表を通じて児童生徒の体調の情報共有を行っています。

● 児童生徒から目を離さない

　授業では、準備体操を行い、水慣れしてから入水します。教員は、シャワーや水慣れ時、休憩時にも児童生徒の顔色・動作・発言（つぶやき）等に注意を払って観察しています。なぜ、そのようにしているのでしょうか。プールの事故は命に関わるからです。皆さんがプール指導に参加する場合は、指導者の一人として児童生徒を見ることを心がけて、気を引き締めて参加してください。児童生徒から目を離さないことが重要です。

　プール指導に参加する際は、水泳帽と水着を用意してください。男性のサーファーパンツや女性のセパレートタイプの水着は避けてください。また、接触により他人を傷つけることがないように、手足の爪は短く切っておきましょう。日焼け止め液の使用についても考慮が必要です。

　児童生徒の水に対する気持ちや行動は様々です。顔に水がかかることを嫌がる児童生徒に「水遊び」として水をかけてしまったら、あなたから離れていってしまいます。決して無理強いはしないで、児童生徒一人一人が、現在身に付けている力を理解して、児童生徒が水中で自由に運動を楽しんだり、水泳の能力を向上させたりできるように接してください。

（9）プールでの指導（特別支援学校（肢体不自由））

　肢体不自由のある児童生徒にとって、「水の中での運動」や「水泳」は、気持ちよくリラックスできたり、普段の生活ではなかなか難しい姿勢の変換を簡単に

できたりするので、楽しみな活動の一つです。

　プールでの指導の際にも、より安全に、効果的な学習を実施するためのルールやマナーがあります。

● 決まりや注意事項を守る

　教室での学習とは違い、水着を着て、肌を多く露出させ、水に濡れる状況での学習になります。足元が滑りやすくなっていることや、介助のために腕や足を持ったり、水を体感させたりする際にも水に濡れて滑りやすくなっていることを十分に注意する必要があります。

　プールサイドを走らない、入水の前後にはシャワーを浴びる、必ず水泳帽をかぶるなどの一般的なプール使用の際のルールは当然のこと、各学校のプール学習における決まりや注意事項を事前に聞き、しっかり守ることが大切です。

　学校の学習に関わることになりますので、プールに入るに当たっても、マナーが大切になります。競泳用水着を用意する必要はありませんが、サーファーパンツやセパレートタイプの水着は避けてください。腕時計などを全て外すことや、手足の爪を短く切っておくことに加え、日焼け止め液などの使用についても十分に考慮する必要があります。

（10）児童生徒を理解するために　～わかったふりをしない～
　　　（特別支援学校（知的障害））

　特別支援学校では、児童生徒の指導に当たって様々な工夫をしています。担任間で話し合い、個別の指導計画を作成し、一人一人のニーズに合った指導方法を考え、学習を進めています。専門用語などわからない言葉も多いと思いますので、特別支援学校での体験を行うに当たって、皆さんは以下の点に注意してください。

● 教員に対して

　事前の打ち合わせなどで教員が話している児童生徒についての説明や教材・教具の使用方法など、理解できないことがある場合は、必ず質問するようにしましょう。「わかったふり」をしていると、児童生徒にとっては命に関わる禁止事項やケガを伴う活動になってしまうこともあります。打ち合わせには、緊張感をもって、そして積極的に参加してください。

● 児童生徒に対して

　児童生徒とのコミュニケーションでの「わかったふり」もよくありません。簡単に対応してしまいがちですが、そのことで児童生徒が深く傷ついたり、対人関係を崩してしまったりすることがあります。そのようなときは、あいまいな態度で対応せず、教員に尋ねてください。児童生徒のことを理解しようとする姿勢や言葉に耳を傾ける真摯な態度をもって、接するようにしましょう。「介護等体験に参加している意義」をしっかり自覚してください。

（11）児童生徒を理解するために　〜わかったふりをしない〜　　　　　（特別支援学校（肢体不自由））

　介護等体験では、毎日様々な指示や説明が教員からあります。基本的にやさしく噛み砕いて説明してくださるでしょうが、難しい専門用語を使うこともあります。そのとき、わかったふりをするのではなく、どうか積極的に質問をしてください。わからないままにしておくと、指導する教員は皆さんがわかっているものと勘違いをしてしまいます。結果、最初から説明をし直すことになったり、あるいは思わぬ事故に結び付いたりします。

　介護等体験は、自分がわかっていないことを知るための体験でもあります。
　例えば車いすを押した経験があるとします。そして、自分は車いすを押せるものだとわかったつもりでいたとします。しかし特別支援学校（肢体不自由）には、同じ大きさや形の車いすは一つとしてありません。車いすを押しながらスロープを下っているとき、以前の経験からブレーキだと思って握ったレバーが、実はリクライニングのレバーだったりすることがあります。わかっているつもりでレバーを握ってしまうと、ブレーキはかからずに背もたれが倒れてしまい、バランスを失って転倒や衝突事故につながりかねません。

　自分を過信することなく、わかっていないことを前提に、介護等体験に臨んでください。わかったふり、わかったつもりでは、新たな学びはできません。わかっていない自分を知り、変わろうと努力してこそ、学びです。

5　質問に答えて　Q&A

Q 1　幼稚園、高等学校の免許取得者が、新たに小学校、中学校の免許を取得する場合、介護等体験は必要ですか？

A　必要です。

Q 2　小学校または中学校のみの免許取得者が、それぞれ中学校、小学校の免許を新たに取得する場合、介護等体験は必要ですか？

A　現在、小学校、中学校どちらかの免許状を持っている方は必要ありません。

Q 3　小学校免許取得時に介護等体験を行っていますが、中学校の免許を取得する場合、介護等体験は必要ですか？

A　再度、介護等体験をする必要はありません。小学校、中学校免許状を取得するときに１回体験すればよいのです。

Q 4　高等学校の免許を取得するときにも介護等体験は必要ですか？

A　高等学校免許状取得には必要ありません。この法律は、小学校、中学校の免許状取得のための授与申請に当たって必要なものであると定めています。

Q 5　特別支援学校の免許を取得している人でも、小学校、中学校の免許を取得する場合、介護等体験は必要ですか？

A　介護等体験の必要はありません。
「教育職員免許法の特別支援学校の教員の免許を受けている者は、介護等体験を要しない」とされています。

介護等体験は小学校、中学校の教員になったとき、具体的に
どのように役立ちますか？

 現在、小学校、中学校では様々な児童生徒が学んでいます。
中には障害のある児童生徒もおり、特別な配慮を必要とする
場合もあります。

　介護等体験を通して、「児童生徒への理解、人間への理解」
を深めていくことは教員の仕事の土台になるものです。同時
にこの介護等体験はこれからの小学校、中学校での指導に具
体的に役立っていきます。

　小学校の学習指導要領では、特別な配慮を必要とする児童
の指導に当たって配慮すべき事項として次のように示してい
ます。

　「障害のある児童などについては，特別支援学校等の助言又
は援助を活用しつつ，個々の児童の障害の状態等に応じた指導
内容や指導方法の工夫を組織的かつ計画的に行うものとする」

　「障害のある児童などについては，家庭，地域及び医療や福祉，
保健，労働等の業務を行う関係機関との連携を図り，長期的な
視点で児童への教育的支援を行うために，個別の教育支援計画
を作成し活用することに努めるとともに，各教科等の指導に当
たって，個々の児童の実態を的確に把握し，個別の指導計画
を作成し活用することに努めるものとする。特に，特別支援学
級に在籍する児童や通級による指導を受ける児童については，
個々の児童の実態を的確に把握し，個別の教育支援計画や個別
の指導計画を作成し，効果的に活用するものとする」

　「学校がその目的を達成するため，学校や地域の実態等に応
じ，教育活動の実施に必要な人的又は物的な体制を家庭や地域
の人々の協力を得ながら整えるなど，家庭や地域社会との連携
及び協働を深めること。また，高齢者や異年齢の子供など，地
域における世代を越えた交流の機会を設けること」

引用：『小学校学習指導要領（平成 29 年告示）』第 1 章総則

　このことは、幼稚園の教育要領、中学校の学習指導要領にも
同じように示されています。

Q7 特別支援学校で教育実習を終了していても、小学校、中学校の免許を取得する場合、介護等体験は必要ですか？

A 特別支援学校での教育実習をしている場合は教育実習を介護等体験として算入することができ、小学校、中学校の教員免許を取得するときに改めて介護等体験をする必要はありません。ただし教育実習の終了の際に校長に証明書を発行してもらう必要があるので注意してください。

施行通達では「特別支援学校において行われた教育実習や、受入施設において行われた他の資格取得に際しての介護実習等は、介護等の体験として、介護等の体験の期間に算入し得ること」とされています。

　＊大学の履修指導上の方針として、特別支援学校において教育実習を行った場合でも、介護等体験が必要となる大学もあります。入学した大学の学則、教育課程に基づく履修指導に従ってください。

 Q8 介護等体験の様子について、インターネットで情報を交換したいのですが？

A 自分が介護等体験を行った学校や施設の様子や、そこでの障害のある児童生徒のことについてインターネットを通して情報提供をしたり、意見交換をしたりする場合、学校名や児童生徒の名前を実名で出すことはできません。個人が特定されるようなことがありますと個人情報の保護の観点から問題になります。

 Q9 通信教育の教職課程受講者も介護等体験は必要ですか？
また、大学が遠い場合、手続きはどのようにするのですか？

 A 必要です。介護等体験の手続きはまず大学の担当者と相談してください。ただし、居住地と大学の所在地とが離れている場合もありますので、大学と連絡を取り自分が受けたい地域の教育委員会の担当者と相談してください。

ほとんどの地域の教育委員会に、担当の窓口があります。

Q10 卒業後、小学校、中学校の免許取得のために、科目履修生として大学に在籍している者も介護等体験は必要ですか？

A 介護等体験は必要です。

Q11 介護等体験を受けなくてもよいのはどういう人たちですか？

A 介護等に関する専門的知識をもっている人、身体障害があって介護等の体験を行うことが困難な人です。

例えば、次のような方々です。

①保健師、②助産師、③看護師、④准看護師、⑤特別支援学校の教員の免許を受けている者、⑥理学療法士、⑦作業療法士、⑧社会福祉士、⑨介護福祉士、⑩義肢装具士、⑪身体上の障害により介護等の体験を行うことが困難な者（身体障害者福祉法に規定する身体障害者のうち、身体障害者手帳の交付を受け、その障害の程度が1級から6級である者）

Q12 介護等体験には費用がかかるのですか？

A 介護等体験で校外学習に行く場合などでは、当然自分の交通費や入園料・入場料等々、必要な実費は負担することになります。なお、大学によっては、証明書の発行には印紙を必要とする場合もありますので関係機関の指示に従ってください。

また、費用については施行通達に、「介護等体験希望者の受入に伴い、社会福祉施設における介護等の体験については、必要な経費の徴収等が行われることが予定されていること。なお、その他の施設等においても必要な経費の徴収等が行われる場合があること」と示されています。

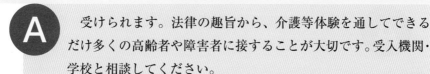

Q13 私は看護師で介護等体験は受けなくてもよいとされているのですが、それでも介護等体験を受けたい場合は受けられますか？

A 受けられます。法律の趣旨から、介護等体験を通してできるだけ多くの高齢者や障害者に接することが大切です。受入機関・学校と相談してください。

施行通達では「法第2条第3項の規定により介護等の体験を要しないこととされた者についても、介護等の体験を行いたい旨の希望があれば、本人の身体の状況、受入施設の状況等を総合的に勘案しつつ、可能な限りその意思を尊重することが望ましい」と述べられています。

Q14 体験日を指定できますか？

A 学校は児童生徒のために教育活動をしています。皆さんを受け入れられるときと受け入れられないときがあります。事前に大学や受入調整機関と相談をしてください。

Q15 特別支援学校の体験は、何日間ですか、個人的に増やすことは可能ですか？

A 令和3年4月に、小学校及び中学校の教諭の普通免許状授与に係る教育職員免許法の特例等に関する法律施行規則の一部改正により、以前は、社会福祉施設等5日間、特別支援学校2日間が望ましいとされていましたが、日数の内訳を柔軟に設定して差し支えないことが加えられました。その場合でも、特別支援学校における介護等体験については必ず行うようにすることが望ましいとされています。

特別支援学校の体験のやり方は、基本的に大学と特別支援学校を設置している都道府県教育委員会が協議することになります。このため、大学に相談してみてください。

Q 16 学校での介護等体験では、昼食はどのようになりますか？

A 　給食を提供している特別支援学校であっても、原則として給食は用意できません。各自で弁当を用意してください。

Q 17 7日以上の体験をやってもよいのですか？

A 　令和3年4月に、小学校及び中学校の教諭の普通免許状授与に係る教育職員免許法の特例等に関する法律施行規則の一部改正に伴う通知文における介護等体験の実施に当たって留意すべき事項として、介護等体験の期間については、7日間を超えて行っても差し支えないと記載されています。しかしながら、受け入れる特別支援学校や施設等の事情も理解の上、詳細については大学等と相談してください。

Q 18 夏休み等で、特別支援学校が休みの期間にまとめて体験できますか？

A 　原則的には可能です。しかし、学校での介護等体験の趣旨からいっても児童生徒のいない場での体験はできるだけ避けるように学校では考えています。

　ただし、休み期間中でも学校ではプールでの指導や部活動、その他様々な教育活動を展開している場合があります。そのようなときには介護等体験は可能です。まず、大学等を通して調整機関や介護等体験受入校とよく相談してください。

Q 19 事故の際の補償はありますか？

A 　事故については、大学等で必ず保険に入ることになっていますが、大学の担当者に確認を必ず取ってください。そして、よく保険の内容を確かめてください。また、介護等体験受入校で皆さんが入っている保険について尋ねられることがあります。

介護等体験受入校の障害種別の指定はできますか？

特別支援学校は国立・都道府県立・市区立・私立併せても1,000校程度しかありません。年間11万人の希望者を受け入れるには、単純計算しても1校あたり約110名（年間）です。また、それぞれの学校は様々な学校行事のため、またその他の事情により、年間を通していつでも受け入れられるわけではありません。場合によっては受け入れのできない時期もあります。希望した学校での介護等体験が可能かどうか、時期等との関係もありますので、ぜひ早めに大学の担当者や受入機関と相談してください。

 介護等体験は帰省先でも受けられますか？

帰省先での介護等体験は可能です。しかし、地域や学校によっては希望日に受入困難な状況もでてきます。事前に調整機関や大学等に相談をしてみてください。

施行通達には「首都圏、近畿圏等に所在する大学等については、近隣の受入施設に不足が生じることが予想されることから、とりわけ介護等の体験を希望する学生のうちこれらの地域以外に帰省先を有する者等については、可能な限り、長期休業期間を活用するなどして帰省先等での介護等の体験を実施促進に協力願いたいこと。この場合における、受入に関する相談は、当該帰省先等の都道府県社会福祉協議会及び都道府県教育委員会等に協力願いたいこと」と示されています。

 介護等体験はどなたが証明してくださるのですか？

 学校においては介護等体験受入校の校長です。体験後、必ず校長の証明印等をもらってください。証明印等がない場合は介護等体験自体が無効となることがありますので注意しましょう。

Q23 介護等体験の証明書には優良可等の評価が記入されるのですか?

A 評価はしません。介護等体験をしたという証明のみです。

 Q24 介護等体験の証明書を紛失した場合は再発行してもらえますか?

A 原則的には再発行はしません。教員免許状交付申請には必ず添付する必要のある書類ですから、自分でよく管理し、紛失、破損などしないように気をつけましょう。

 Q25 事前に保険に加入する必要があるのですか? どのような保険ですか?

A 公益財団法人 日本国際教育支援協会 (〒153-8503 東京都目黒区駒場 4-5-29 Tel.03-5454-5275) で運営する「学研災付帯賠償責任保険 (略称:付帯賠責)」があります。

同保険は、介護等体験時及びその往復中に生じた対人対物の賠償責任事故に対する補償を行う保険で、大学の窓口を通して加入の手続きを行います (学生が直接同協会に加入の申込みをすることはできません)。ただし、同協会の運営する「学生教育研究災害傷害保険 (略称:学研災)」という学生本人のケガを補償する傷害保険に加入していることが前提で、学研災に加入していない学生は、付帯賠責に加入することはできません。

同協会によれば、学研災は国内の約 96％の大学が加入しており、また学研災に加入している大学のうち、付帯賠責を採用している大学は約 96％になります (平成 31 年 3 月現在)。自分の大学が学研災や付帯賠責に加入しているかどうかについては、各大学の学生課や学生支援課、保健センターなどの担当窓口へ、保険の内容等については、大学または同協会まで問い合わせてください。

Q 26 体験の記録ノートやレポートなどの提出は必要ですか？

A 介護等体験受入校の学校でも感想文の提出を求められることがあるかと思います。大学側に出すレポート等は、それぞれの大学等の指示に従ってください。

Q 27 体験当日に体調不良等で学校に行けない場合、次の体験はできますか？

A 体調を崩したときは、介護等体験受入校及び大学に状況を正確に伝えてください。感染症（インフルエンザ等）の場合は児童生徒にも影響が及ぶので無理は禁物です。次の体験については、大学に希望を述べ、大学から介護等体験受入校に連絡してもらってください。

Q 28 子供にケガをさせたらどうすればよいですか。

A ケガなどさせないように、細心の注意を払って介護等体験を行ってください。不幸にも、子供がケガをするようなことが起こってしまったら、すぐに周りの教員に伝えてください。教員と一緒に応急処置や保健室への移動を行ってもらう場合もあります。また、落ち着いたら事故が起こった状況を細かく教員に伝えていただくことも必要になります。

子供たちのかけがえのない命に向き合っていることをしっかり自覚して、介護等体験に臨みましょう。

Q 29 学校の備品を壊してしまったらどうすればよいですか。

A 事実関係と状況を学校と大学の担当者に正確に伝えてください。その後は学校の判断に応じて大学と協議をします。また、状況によっては大学が一括して申し込んでいる保険を利用して対応していただく場合もあります。

Q 30 車いすの使い方など技術的なことを、事前に学習しておく必要はありますか。

A 事前に大学等で学習することもあります。また、介護等体験受入校で、体験学習を予定している場合もあります。

ただ、介護等体験は、技術を学ぶ場というより、教員として必要となる「命の尊厳」や「人権意識」を学ぶ場です。体験を通して、障害のある子供のことを理解することが大切です。

Q 31 介護等体験を経験してボランティア活動に興味をもったらどうしたらよいですか。

A 介護等体験を通じてボランティア活動を行ってみたいと考えていただけたなら、介護等体験受入校に相談してみてください。学校によっては、行事の際のボランティアなど多くの方の協力を求めている場合もあります。また、ボランティア養成講座を実施しているところもあります。

障害のある児童生徒との関わり方

1 目の不自由な児童生徒との関わり方と介護等体験

特別支援学校（視覚障害）で
介護等体験をする方へ

（1）教育とその特色

　視力、視野、色覚などの見る機能の障害を視覚障害といいます。視覚障害者は全国で約31万人、18歳未満は約5千人です（「平成30年度厚生統計要覧」）。眼鏡などで矯正した両眼の視力がおおむね0.3未満、または視野や色覚、光覚などの視機能障害が高度な場合は教育上特別な配慮が必要です。

　拡大鏡などを使って普通の文字が使える場合を弱視児、普通の文字の代わりに点字を使う場合を盲児といいます。特別支援学校（視覚障害）の約6割は弱視児です。

① 幼稚部

　3歳から5歳まで、1日4時間、幼稚園と同じ内容に加え「自立活動」の指導を行っています。遊びや制作活動、生活全般を通して、自分の意思を表す力や運動能力、状況をつかみながら一人で歩く能力、触ってわかる力や見分ける力、なんでも積極的に自分でやる意欲などを育てます。できるだけ早期からの教育が必要なため、ほとんどの特別支援学校（視覚障害）では0歳からの教育相談を行っています。乳幼児と一緒に活動しながら、保護者や職員の方々と目や手の使い方の相談や発達相談、乳幼児の障害の受け止め方などの育児相談や保護者同士のネットワークづくりを行っています。

② 小学部、中学部

　国語、社会、算数（数学）、理科などの各教科、「総合的な学習の時間」「特別の教科　道徳」「特別活動」の指導内容や授業時数は小学校や中学校と基本的には変わりません。教科書は同じものか、それを点訳または拡大したものを使いますし、文化祭や運動会、社会見学、修学旅行等の行事も行います。始業前や放課後、夏季休業中などに部活動も行っています。そのほかに、視覚障害に対応した「自立活動」の学習を行っています。また、近隣や居住地の学校との交流活動を

通して、同年代の児童生徒とよりよい関係を築く力や、お互いに相手を理解し合う心を育てています。点字は、約１ミリの６つの凸点で１音を表し、「あめが□ふって□きた。」（⠀⠀⠀⠀　⠀⠀⠀　⠀⠀⠀）のように、分かち書きをします。両手の指先で分担しながら読み進めます。気温が６℃以下では指先が冷たくなって、点がわからなくなることがあります。また暑いときは汗ばむので読みにくくなります。

③　高等部（専攻科を含む）

　高等部には、３年課程である「本科」とその上級課程である「専攻科」があります。

　「高等部本科」には、普通科と専門学科（主に保健理療科。まれに音楽科、生活技能科）があります。普通科は、通常の高等学校に準ずる教育と、重複障害の生徒の実態に応じた教育を行っています。本科の保健理療科は、あん摩マッサージ指圧師の資格取得を目指した教育を行っています。

　「高等部専攻科」には、主に保健理療科、理療科、数校に理学療法科、音楽科、情報処理科などが設置され、３年間、職業的自立のための教育を行っています。

　あん摩マッサージ指圧師、はり師、きゅう師は、視覚障害者の職業として主流であり、最近では健康維持への関心の高まりから需要が増えています。事故や疾病により中途失明の方が入学することも多く、生徒の年齢は30代、40代、またそれ以上と広がりを見せています。

特別支援学校（視覚障害）における特色ある職業教育

　本科の保健理療科は中学校卒業資格のある方、専攻科は高等学校の卒業資格のある方が対象となります。三療といわれる「はり、きゅう、あん摩・マッサージ・指圧」の治療を行うために必要な「はり師」「きゅう師」「あん摩マッサージ指圧師」のそれぞれの国家資格を取得するための教育を行っています。保健理療科は「あん摩マッサージ指圧師」、理療科は「はり師」「きゅう師」「あん摩マッサージ指圧師」の国家資格取得を目指しています。

（２）指導とその関わり方

　盲児の場合は、周囲の状況をすばやく的確につかむことや、触ることのできないものの理解、人の動作の模倣、表情やしぐさでの判断、一人歩きなどが困難になります。そこで、視覚以外の触覚、聴覚や嗅覚などからの多様な情報を適切に使って状況を理解し判断することや、小さいときから遊びや買い物、調理など、なんでも自分で体験することが大切です。

　盲児用の教材・教具は、点字教科書、模型や標本、凸地図などの触る教材、レー

ズライター、感光器などの実験器具、立体コピー機やサーモフォーム、音声点字ワープロなどがあります。

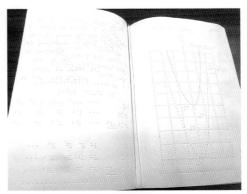

点字教科書

盲児と接する場合、黙って近づいてもわかりません。「こんにちは、○○です」と話しかけたり、握手をしたりするのも一つの方法です。会話の時は声に出して返事をしましょう。また、何かについて説明するときは、できるだけ対象に触れてもらいます。指示代名詞は避けながら、周りの景色や様子も説明したいものです。映画の話、サッカーや音楽の話など楽しい会話を心がけましょう。

弱視児の場合は、本を速く正確に読むこと、ボール運動や動きの激しいゲーム、地図を読むなどの細かい作業、極端に明るかったり暗かったりする場所での活動などに困難が伴いがちです。晴眼者は、一部分が欠けた漢字でも想像で補って読んでいます。そこで、弱視児の場合も、少ない手がかりを利用して類推するなど見分ける力の向上を図ることが大切です。

また、弱視レンズなどの補助具の使い方の指導も重要です。弱視児用の教材・教具には、拡大教科書、拡大教材、拡大読書器、コンピュータの拡大ソフト、弱視レンズ、単眼鏡、書見台、タブレット型端末などがあります。

拡大読書器

弱視児と接する場合は、個人差が大きいので見え方の状態を正確につかむこと、実験や観察は近くで見させたり弱視レンズを使ったりすること、見えにくいものは拡大したり説明を加えたりすること、また、戸外で会ったときはこちらから声をかけるようにすることが大切です。

視覚障害と知的障害などの障害を併せ有する児童生徒を重複障害児といいます。重複障害児は、手を使うことや自ら探したり確かめたりすること、昼夜の区別、大勢の中での行動、他者とのコミュニケーションなどが困難で、食べ物の選り好みも激しい傾向があり、理由がわからず強要されると自傷行為を起こすこともあります。しかし、よく観察すると必ず児童生徒の興味のあるものがわかってきます。例えば、手を伸ばしてスイッチに触れたとき大好きな曲が流れると、手

を使う喜びや次の行動への期待感も大きく育っていきます。そこで、重複障害児用の教材・教具は、目的がはっきりしたもの、触覚や視覚、聴覚に訴えるものなど、一人一人に合わせて改良したり、自作したりして工夫します。重複障害児と接する場合は、一緒に相手の興味があるもので遊んだり、好きな活動を行ったりして、信頼感をつくることが大切です。そして、わかりやすい手がかりを使っていねいに働きかけるとよいでしょう。

（3）介護等体験の例
① アイマスクでの歩行体験
　二人組になり、一人はアイマスクをし、一人は介助者になって廊下や階段の介添え歩行をします。次に、広い場所で一人ずつアイマスクをして音源に向かって歩きます。また、白杖をついてまっすぐ歩いてみましょう。あくまで疑似の体験ですが、介助者との信頼関係の大切さが実感できると思います。

② 授業を通しての体験
　国語の授業では、盲児は点字盤や点字タイプライターで、弱視児は書見台を使ってマスの大きいノートに書いています。社会では、世界の国々の位置を凹凸のある地球儀や立体地図で確かめています。家庭では、包丁でタマネギのみじん切りに挑戦したり、電磁調理器でハンバーグを焼いたりしています。自立活動では、歩行指導の先生と二人で白杖を使って学校のそばの信号の渡り方を学習しています。保健体育の授業ではフロアバレーボールの授業を行っています。床を転がるボールを「ワン、ツー、ラスト！」で相手コートに打ち返します。何事にも真摯に挑戦する児童生徒の姿に感動することがしばしばあります。

③ 学校行事等での体験
　運動会では盲児のための種目に円周走があります。中心の支柱に結んだひもの先の輪を持って時計の針のように全力で回ります。学芸会では、盲児と弱視児が一緒になって舞台上で迫真の演技をしています。児童生徒の誘導や用具の準備、一緒に応援をするなどすばらしい体験ができます。また、社会見学やマラソン大会、寄宿舎での生活体験などもあります。

（4）目の不自由な児童生徒と接する方へ
　目の不自由な児童生徒と接するに当たって、以下のようなことを知っておいてください。

● 児童生徒の多くは、障害のことで嫌な思いをしたことがあります。仲間内での目配せや指さし、ひそひそ話はとても気になることです。

● 目の不自由な人は、一人では何もできないというイメージをもたれがちです。しかし、5歳以前に見えなくなった場合は「見ることを意識しなくともよい世界」とも言われています。盲児でも視覚以外の感覚の活用により自転車に乗ることもスキーで滑り降りることもできます。

● 中途で失明した場合は、それまで目からの情報で判断することの多い生活だったため、深い失望感や喪失感があります。目の病気によっては、次第に視力が落ちていく場合もあります。アイマスク体験などでは計り知れないことがたくさんあることを忘れないでください。

また、援助を行う際には次のようなことに気を付けましょう。

● 案内するときは必ず腕や肩につかまってもらいましょう。白杖や腕をつかんで引っ張ってはいけません。

● 階段や段差の前ではちょっと止まり、言葉で説明します。

● 一時的にそばを離れるときはその旨を言葉で伝え、壁際などへ案内して待ってもらいましょう。

● いすに座るときは背もたれを触れば位置がわかります。

● 食事のときはどこに何があるか物の位置を教えます。

● 物の位置が変わったり変えたりしたときは必ず説明しましょう。

● 援助をするときはどんなことをしてほしいかを相手に尋ねてからにしましょう。

障害者の文化芸術活動やスポーツと、特別支援学校（視覚障害）における部活動

　2020（令和2）年に、東京都でオリンピック・パラリンピックが開催されることが決定し、国民の期待と関心が高まっていますが、政府が2013（平成25）年9月に策定した「障害者基本計画（第3次）」には、障害者の文化芸術活動やスポーツの振興等が掲げられています。

　特別支援学校（視覚障害）も、以前から様々な文化芸術活動やスポーツに取り組んでおり、演劇や器楽、合唱、バンド、漫画、珠算、グランドソフトボール（野球）、フロアバレーボール、卓球、柔道、水泳、ゴールボールなどの部活動が盛んに行われてきました。弁論、短歌、音楽、マラソン・駅伝など陸上競技の分野では、各種地区大会に加え全国大会・全国コンクールも行われています。2017（平成29）年には、視覚障害スポーツの一層の振興を願って、それまで行われていた全国盲学校野球大会に代わって全国盲学校フロアバレーボール大会が始まり、地区予選を勝ち抜いたチームが熱戦を繰り広げました。

特別支援学校（聴覚障害）で
介護等体験をする方へ

（1）教育とその特徴

　聴覚障害とは、身の回りの音や話し言葉が聞こえにくかったり、ほとんど聞こえなかったりする状態を言います。

　聴力レベルはデシベル（dB）という単位で表されます。「学校教育法施行令」では、特別支援学校の対象とする聴覚障害の程度を、「両耳の聴力レベルがおおむね60デシベル以上のもののうち、補聴器等の使用によっても通常の話声を解することが不可能又は著しく困難な程度のもの」と定めています。

　聴覚に障害のある児童生徒は、特別支援学校（聴覚障害）のほか、通常の小学校や中学校に設置されている特別支援学級や通級指導教室でも学習しています。特別支援学級の対象は「補聴器等の使用によっても通常の話声を解することが困難な程度のもの」、通級指導教室の対象は「補聴器等の使用によっても通常の話声を解することが困難な程度のもので、通常の学級での学習におおむね参加でき、一部特別な指導を必要とするもの」になります。

補聴器

　補聴器は、音を増幅することで聴覚障害者の聞こえにくさを補うものです。補聴器でできることは、音を大きくすること、音質を調整すること、出力を制限することなどです。一人一人聞こえにくさは異なり、聞こえの状態に合わせて補聴器を調整する必要があります。

人工内耳

　人工内耳は、耳内に埋め込んだ電極を通して、鼓膜を介さず聴神経から脳に直接音を伝える装置です。人工内耳を使って音や言葉を正確に聞き取るためには、手術とリハビリテーションが必要です。

聴力レベルと聞こえ方

聴力レベルと音の大きさの目安

dB	
0	
10	
20	ささやき声
30	
	静かな会話
40	
	普通の会話
50	
60	静かな車の中
70	大声の会話
80	蝉の鳴き声
90	叫び声
100	電車の通過音
	30cm近くでの叫び声
110	車の警笛
120	飛行機の爆音

聴力レベルによる聞こえの目安

聴力レベル	範囲	耳の聞こえ方
正常範囲	30dB まで	
軽度難聴	30〜40dB	・小さな話し声やささやき声が聞こえにくく、聞き違えることがある。
	40〜50dB	・話し相手の顔が見えないとよく聞こえない。 ・会話でときどき聞き取りにくいことがある。
中度難聴	50〜70dB	・1mくらい離れてしまうと、大きな声が聞き取れない。 ・大勢での話し合いは難しい。
高度難聴	70〜80dB	・近い距離で大きな声で話せば聞こえるが、相手の口元を見て、推測しながら話を聴く必要がある。
	80〜90dB	・比較的近い場所の大きな音や太鼓の低い音が聞こえる。
重度難聴	90dB 以上	・かなり大きな音をどうにか感じることはできるが、補聴器を使っても、話を明瞭に聞き取ることはできない。

補聴器が必要

人工内耳を検討する範囲※

※人工内耳は人によって手術が適用できるかどうか異なります。また、手術を希望するかどうかは、本人や保護者の考えによります。

障害のある児童生徒との関わり方

（2）指導とその関わり方

　特別支援学校（聴覚障害）は、通常の幼稚園、小学校、中学校または高等学校に準ずる教育を施すとともに、障害による学習上または生活上の困難を克服し自立を図るために必要な知識技能を授けることを目的としています。それぞれの学部の教育活動の概要は次のとおりです。

①　乳幼児教育相談（0歳から2歳）

　この相談は制度上、全ての都道府県で確立されているものではありません。しかし、「障害発見後、聴覚機能や言語能力の発達の面から可能な限り早期に教育を開始するべきである」という考え方から、現在多くの特別支援学校（聴覚障害）で、保護者支援と乳幼児の育児支援を内容とする教育相談を行い、着実に成果を上げています。

　近年では、生後間もない乳児でも、聴覚障害の可能性があることがわかる検査（新生児聴覚スクリーニング検査）が普及し、難聴の診断や早期対応が0歳から可能になりました。令和元年には、厚生労働省と文部科学省が共同で、難聴児の早期支援をさらに促進するため、保健、医療、福祉及び教育の連携体制を整備することを方針として打ち出しました。

②　幼稚部（3歳から5歳）

　幼稚部の教育は、幼児期の特性を踏まえ環境を通して行うことを基本としています。幼児の主体的な活動を促すこと、遊びを通しての指導を中心とすること、一人一人の特性に応じ、発達の課題に即した指導を行うこと等に努めています。特に補聴器等を活用して話し言葉の習得を促したり、言語力を高めたりする専門的指導を行っています。

③　小学部、中学部

　小学部、中学部における教育は、児童生徒の障害の状態及び特性を十分に考慮しつつ、通常の小学校、中学校の教育目標の達成に努めています。さらに障害に基づく種々の困難を改善・克服するために必要な知識、技能、態度及び習慣を養うことも目標としています。

　そのため体験的な活動を通して的確な言語概念の形成を図ること、主体的に読書に親しむ態度を養うこと、補聴器等の利用により保有する聴力の活用を図ること、視聴覚教材・教具やコンピュータ等の情報機器を有効に活用すること、相互の意思伝達が活発に行われるよう指導方法を工夫すること等について配慮しながら指導が行われています。

④　高等部（専攻科を含む）

　高等部における教育は、通常の高等学校の教育目標に加え、障害に基づく種々の困難を改善・克服し、社会参加する資質を養うことを目標としています。高等

部は、通常の高等学校に対応する３年間と、その後さらに２年または３年の継続
教育を行う専攻科が設置されています。

　職業教育として、理容・美容師や歯科技工士、調理師などの資格取得を目指した
指導が行われています。また被服科、情報デザイン科、産業工芸科、機械科など多
様な学科を設けて、生徒の適性や進路希望に応じた指導が行われています。最近は
高等部卒業後、筑波技術大学をはじめ一般の大学等へ進学する生徒も増えています。

（３）介護等体験の例
①　聴覚活用指導の実際と補聴器装用体験
　児童生徒が装用している補聴器を実際に自分の耳にかけて操作をしてみて、そ
の感触を経験すること、また児童生徒の聴力測定の実施場面に立ち会い、聴力の
レベルを体験してみること、教室に設置されている集団補聴システムを活用して
授業が行われている様子をモニター補聴器を通して見学することなどがあります。

　集団補聴システムとは、教室内において、距離や騒音にかかわらず、教員の音
声を一人一人に届けることができる仕組みです。教員がマイクを付けて話す音声
は、黒板の上にある「ラジエター」から赤外線となって発信され、児童の胸元にあ
る受光器に届き、耳元にある補聴器まで到達します。個人の補聴器だけでは、能力
に限界があり、距離や雑音によって十分に聞こえない場合がありますが、このシ
ステムを使えば目的の音声だけを安定的に聞くことができます。

聴力測定　　　　　　　　　　　　集団補聴システム

②　授業を通しての体験
　児童生徒の聴覚障害に配慮した授業が具体的にどのように展開されているのか
を実際に参観して理解を深めること、教材選択や教材準備、ＩＣＴ機器等を活用
した視覚教材の提示、教員の発問や板書の様子など、学習内容の理解を促進する
ための視点において参観することなどがあります。少人数の学級で、児童生徒一

人一人の実態に応じてきめ細かな対応がどのような形でなされているのかを注意して見ることも大切です。

　作業的な学習活動の場面では、教員の指導の下で児童生徒の活動の補助指導に当たる際には、コミュニケーションが曖昧で正確さに欠けることがないように、きちんと確かめながら進めていくことが大切です。

　絵画制作などが得意な場合は、ぜひ担任の先生に教材制作の補助を申し出てください。歓迎されることでしょう。自分が制作に関わった教材に、児童生徒がどのような反応を示すかを見るのはとても楽しいことです。

③　学校行事での体験

　学校では様々な行事が行われ、児童生徒もそれぞれ何らかの役割を持って参加しています。学校行事での体験では学級の中に入って、児童生徒の介助に当たる場合もあります。また教員の補助的な役割を任される場合もあります。ビデオ撮影や写真撮影に自信がある場合は、積極的にその仕事を買って出るのもよいでしょう。

　特別支援学校（聴覚障害）には、幼稚部から高等部専攻科まで設置されていることが多いので、必ずしも希望どおりの学部での介護等体験ができるとは限りません。この体験の機会をきっかけにして、自主的に希望の学部についての参観計画を立ててみることもよいと思います。

（4）耳の不自由な児童生徒と接する方へ

　聴覚の障害は、外見からは理解されにくいようです。特別支援学校（聴覚障害）で学ぶ児童生徒の聴力の程度は、それぞれ聞こえにくさを補うために補聴器を使用してはいますが、通常の会話を聴き取り、理解することが難しかったり、著しく困難であったりする状態にあります。

　そこで、聴覚に障害のある児童生徒と接するときには、まず相手のことを理解すること、そして自分の思いを伝えようとする気持ちをもって接することが基本です。主に話し言葉でコミュニケーションを取るときには、次のような点に気を付けるとよいでしょう。

● まず相手の注意を引いてから話し始めること。
● ゆっくり自然な口調で話すこと。
● 相手をまっすぐ見て話すこと。
● 話し手は光を背にしないこと。
● 同じことを何度も繰り返し言わないで、別の表現をしてみること。

このほか、場合によっては身振りや手振りを使って表情豊かに表現したり、筆談をしたりするのもよいでしょう。また、手話や指文字を知っている場合は、それらを使ってコミュニケーションを試みるとよいと思います。

指 文 字・50 音

わ	ら	や	ま	は	な	た	さ	か	あ
促音(◯っ◯)	り	濁音(例：ぎ)	み	ひ	に	ち	し	き	い
を	る	ゆ	む	ふ	ぬ	つ	す	く	う
長音	れ	半濁音(例：ポ)	め	へ	ね	て	せ	け	え
ん	ろ	よ	も	ほ	の	と	そ	こ	お

指 文 字・数 字

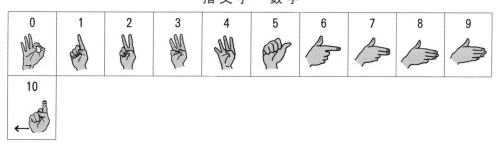

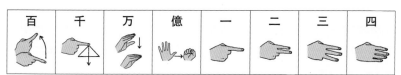

※ 上記は、相手から見た図

特別支援学校（肢体不自由）で
介護等体験をする方へ

（1）教育とその特色

　肢体不自由とは、身体の動きに関する器官の機能が、病気やケガで損なわれたため、歩行や筆記などの日常的な生活動作が不自由な状態のことを言います。特別支援学校（肢体不自由）は、歩くことや体を動かすことなどが困難な児童生徒の学校です。また話すこと、見たり聞いたりすること、自分で考えたり判断したりすることが困難であったり、呼吸や食事をすることに特別な手立てが必要であったりする児童生徒もいます。

　特別支援学校（肢体不自由）は、全国の都道府県にあります。障害や病気との関係から病院や障害者施設に隣接した学校も少なくありません。特別支援学校（肢体不自由）には、小学部、中学部、高等部の3学部またはそのうちの一部の学部が置かれています。ごく一部ですが、幼稚部を設置している学校もあります。また、病院や肢体不自由児施設、重症心身障害児施設などに入院・入所している児童生徒のために施設内に分校や分教室を置いている学校もあります。さらに、障害が重度で通学が困難な児童生徒のためには、家庭や病院、施設などに教員を派遣して授業をする「訪問教育」も用意されています。多くの学校には通学のための乗降リフト付きスクールバスが配車されています。また遠隔地に学校があり、通学が困難な児童生徒のために寄宿舎を設置している学校もあります。

　特別支援学校（肢体不自由）では、児童生徒の特性に応じて、3つの教育課程を用意しています。小学校、中学校、高等学校の教育課程に準ずる課程、知的障害を併せ有する児童生徒を対象とした知的障害の教育課程に代替する課程、重複障害者のうち障害の状態により特に必要がある児童生徒を対象とする自立活動を主とする課程です。

　このように特別支援学校（肢体不自由）には、障害が軽度の児童生徒から最重度の障害のある児童生徒、そして重複障害のある児童生徒まで、様々な障害の状態の児童生徒が在籍しています。

　最近では医療技術の進歩や福祉支援の体制の整備により、重度の障害のある児童生徒が通学できるケースも増えてきました。そのため、生活全般にわたり全面的な介助・介護を要する児童生徒が増え、さらに医療的ケア（口腔・気管からの

たんの吸引、鼻腔チューブ等からの経管栄養、導尿など）を必要とする児童生徒も通学するようになりました。これに伴い、主治医の意見を聞いたうえで、学校医、医療的ケアの指導医、そして看護師と緊密に連携した健康の維持・管理をすることが不可欠となっています。医療的ケアに対応するため、多くの学校に看護師が配置されるようになってきました。

　一方、高等部を中心に社会的自立に向けた資格取得、進学や就職の指導が必要な児童生徒もいます。

（2）指導とその関わり方

　学校生活や毎日の授業や行事などは、小学校、中学校、高等学校等と基本的には同じですが、特別支援学校（肢体不自由）には次のような特徴があります。

①　命と健康を大切にする

　特別支援学校（肢体不自由）の児童生徒は、障害や病気のため、家の外で遊んだり運動で身体を鍛えたりする機会が多くありません。そのため熱を出したり風邪をひきやすかったりすることがあります。また、呼吸が上手にできなかったり飲んだり食べたりを上手にできない児童生徒もいます。毎日、発作を抑える薬を飲む必要のある児童生徒、定期的に診断が必要な児童生徒もいます。まずは健康の維持が学校生活を送る前提となります。教員は常に児童生徒の健康に注意を払いながら、ケガや病気につながらないように丁寧に指導を行っています。

②　自立活動の学習が時間割に組み込まれている

　週時程の中に国語、算数（数学）等の教科の指導時間のほかに、「自立活動」の時間を設定しています。自立活動の指導は、「個々の児童生徒が自立を目指し、障害による学習上又は生活上の困難を主体的に改善・克服するために必要な知識、技能、態度及び習慣を養い、もって心身の調和的発達の基盤を培う」ことを目標としています。健康の保持、心理的な安定、人間関係の形成、環境の把握、身体の動き、コミュニケーションに関する内容を指導する学習です。例えば、身体の動きや姿勢・動作を改善したり、コミュニケーションの力を高めたりする指導を行います。障害の状況は一人一人違うため「個別の指導計画」により個に応じた指導を行っています。

③　授業や指導の工夫

　どの教育課程においても、児童生徒一人一人に応じた指導を行っています。小学校、中学校、高等学校に準ずる教育課程においても、一人一人の課題等に応じて下の学年の内容を指導している場合もあります。また、知的障害を併せ有する児童生徒については、教科等を合わせた指導（日常生活の指導、生活単元学習など）が行われています。商業に関する専門教科を授業に取り入れている学校も見

受けられます。授業では児童生徒が興味・関心をもって学習できるように様々な工夫をしています。日常生活に必要な「食事」「排泄」「衣類の着脱」「乗り物の経験や買い物の経験」なども学習内容としています。授業は複数の教員がチームで行うことが多く、授業責任者の教員を中心に役割分担して個別的な援助や指導を行います。

④ 補装具、自助具、教材・教具の工夫

移動が難しい児童生徒は、手動あるいは電動の車いすを活用しています。歩行を助けるために足に補装具をつけたり、松葉杖やクラッチという杖を使ったりする児童生徒もいます。身体の動きや姿勢動作を改善したり、生活のリズムを整えたり、コミュニケーションの力を高めたりする指導を行います。歩行を学習するため、歩行器やSRCウォーカー（座付き歩行器）などを活用する場合もあります。不自由な手や姿勢でも学習できるように、特別な机やいすなどの自助具があります。書くことや読むことが困難な場合、パソコンや周辺機器及び入力装置の代わりとして自作スイッチ等を活用します。障害による不都合を補い、学習意欲や興味・関心を引き出す教材・教具の工夫が必要です。

⑤ 摂食指導と形態別調理について

給食の時間は学校生活の中でも、児童生徒にとって楽しみな時間の一つです。肢体不自由のある児童生徒の場合、手指の障害のためにスプーンや食器を保持したり、取り扱ったりすることが困難な場合があります。持ち手を工夫したスプーンやフォーク、食物がすくいやすい変形皿、テーブルに食器を固定するマットなどを用いて、できる限り自分で食べられるように環境を整えています。しかし、多くの児童生徒は、一人で食事をすることが困難なため、教員の介助を受けて食事しています。脳性まひなどの障害のため、食べる機能が乳幼児に例えると離乳の初期や中期の段階にとどまっている児童生徒も少なくありません。また噛むことや飲み込むことが困難なため、誤嚥といって食物を喉に詰まらせてしまったり、気管に入ってしまったりするリスクがあります。生命に関わる危険な状態になることもありえますので、食事の介助は特に注意を要します。学校の給食では、普通食のほかに細かく刻んだり、おかゆやペースト状に調理したりして、食事を児

初期食

中期食

後期食

童生徒に応じて用意しています。また、児童生徒の食べる機能の状態に即して、安全に正しく食べられるように介助するための教職員向けの研修を行い、摂食指導の専門性向上を図っています。

⑥　医療的ケアが必要な児童生徒の指導

　2017（平成29）年時点で、全国の公立特別支援学校在籍者141,944名のうち、8,218名（約5.8％）が日常的に医療的ケアが必要な幼児児童生徒であり、このうちの多くの児童生徒は特別支援学校（肢体不自由）に在籍しています（「平成29年度特別支援教育資料」及び「学校における医療的ケアの実施に関する検討会議」）。近年の医学の進歩は目覚ましいものがあり、口から食物を取り込むことが困難なため経管栄養注入が必要な児童生徒、喉にあるたんを自力で出せないためたんの吸引が必要な児童生徒が、毎日学校へ通学できるようになりました。中には24時間人工呼吸器に生命を託している児童生徒が通学している例もあります。

　こうした経管栄養注入やたんの吸引等の支援を医療的ケアといいます。医療的ケアは、医師法等の法律で「医行為」とされ、医師や医師に指導を受けた看護師などの医療職が行うこととなっています。しかし、2014（平成24）年4月の法律改正により、一定の研修を受けた特別支援学校の教職員についても、たんの吸引等の医療的ケアを実施することが制度上可能になりました。

　このため、特別支援学校（肢体不自由）では、医療的ケアを必要とする児童生徒の状態に応じ、配置された看護師等を中心に教職員等が連携協力してたんの吸引等の特定行為を行うようにしています。

医療的ケア

　家族や看護師が日常的に行っている経管栄養注入やたんの吸引などの医療行為のことを言い、医師による治療行為と区別するために、介護や教育などの現場で定着してきた用語です。医療的ケアは、医師法等の法律で「医行為」とされ、医師や医師に指導を受けた看護師などの医療職及び家族のみが行うこととなっていましたが、厚生労働省と文部科学省の通知で、2004（平成16）年10月以降、看護師が配置された特別支援学校では、教員が①たんの吸引、②経管栄養、③導尿補助（管を使って排尿する）の3つの特定行為を行うことができるようになりました。その後、特別支援学校においては、徐々に看護師の配置等が進み、医療的ケアを実施できる体制が整備されつつあります。

　介護保険法等の一部を改正する法律による社会福祉及び介護福祉法の一部改正に伴い、2012（平成24）年4月より一定の研修を受けた特別支援学

校の教員についても、たんの吸引等の医療的ケアを実施することが制度上可能になりました。従来は、安全性の面から、医療的ケアが必要な児童生徒を学校で集団生活させるのは困難との認識が強かったようですが、現在は、通学することで精神的にも社会的にも成長を促すことができると考えられるようになってきています。

　2019（平成31）年3月20日、文部科学省より「学校における医療的ケアの今後の対応について（通知）」が出され、「学校における医療的ケアの実施に関する検討会議」において、最終まとめとして、①医療的ケア児の「教育の場」、②学校における医療的ケアに関する基本的な考え方、③教育委員会における管理体制の在り方、④学校における実施体制の在り方、⑤認定特定行為業務従事者が喀痰吸引等の特定行為を実施する上での留意事項、⑥特定行為以外の医療的ケアを実施する場合の留意事項、⑦医療的ケア児に対する生活援助行為の「医行為」該当性の判断、⑧研修機会の提供、⑨校外における医療的ケア、⑩災害時の対応についてが整理されました。今後、特別支援学校に限らず、小・中学校等においても、一層の医療的ケアを行える体制の整備が求められています。

（3）介護等体験の例
①　車いすの操作とスクールバス乗降の介助

　多くの児童生徒が車いすを使用し、車いすごと乗降できるリフト付きスクールバスで通学しています。自分で動かせる児童生徒もいますが、自力で車いすを動かすことができない場合は教職員が介護します。児童生徒の姿勢や状態を見ながら安全に配慮することが大切です。ベルトやテーブルを車いすに装着する場合は、確実に行いましょう。物にぶつかったり急激な方向転換をしたりすることは危険が伴いますし、児童生徒に恐怖心を抱かせてしまう原因になります。車いすを固定する場合は必ずブレーキを忘れないようにします。ブレーキの位置は、車いすにより様々です。事前に確認しましょう。

　スクールバスの乗降時の補助の仕方や安全な操作を学びましょう。また、乗降リフトに児童生徒や自分の足を挟むことがないように、細心の注意を払いましょう。教室では車いすから降りて過ごす場合があります。その際は、自力で降りる児童生徒を援助したり、抱きかかえて降ろしたりする場合もあります。補助の仕方を学びましょう。介助を行う際は、必ず教職員の指示に従い、自分の考えで勝手に介助を行うことのないようにしましょう。

② 校外学習（遠足、社会見学）での介護

　肢体の不自由な児童生徒は一般に社会的な経験が不足しがちです。そのため、学校では校外での実際の体験を取り入れた学習を重視しています。

　介護等体験では、こうした校外学習を体験する機会も少なくありません。戸外に出かける場合は、車いすを押す、歩く児童生徒の腕を支える、転ばないように見守りながらそばを歩くなどの介護が必要です。車いすの前輪は小さいので、小さな段差や石などの障害物を乗り越えられず前のめりになることがあります。杖の場合は、濡れていたり、滑りやすかったりする道路面などでは一層の注意が必要です。また、支え歩きの場合は、支える体の部位や支え方の要領を知っておくなどの配慮が必要です。出発前に自分が担当する児童生徒を中心に、介護の要領を十分に学んでおきましょう。

③ 授業での介護

　授業は複数の教職員によるチームで行うことが多いので、チームの一員として指導に当たります。特定の児童生徒との関わりを任されることもあります。担当する児童生徒の特徴や状態はもちろん、授業のねらいをよく理解してから関わりましょう。また、運動会、文化祭、学芸会等の行事に当たる場合には、介護だけでなく全体の流れをよく見て、特別支援学校（肢体不自由）の行事についても学びましょう。

（4）肢体の不自由な児童生徒と接する方へ

　肢体の不自由な児童生徒に接するうえで大切なことをいくつか挙げます。

● 言葉がすぐに出てこなかったり、動作が思うようにできなかったりすることがあります。時間をかけて聞いたり、待ってあげたりしてください。

● 肢体不自由児の場合、外見の様子や動作の不自由さばかりに注意を向けていると、時として誤った判断をしてしまうことがあります。個々の肢体不自由児一人一人の人格を忘れてはいけません。一人一人が個性豊かで、異なる理解力があり、それぞれに要求をもっています。一人一人の個性を尊重し、特性を見極めることが大切です。

● 重度・重複障害児は、通常発達の初期の段階でつまずいている場合もありうると考えられます。したがって乳幼児期の接し方に準じた配慮をもって接することも必要です。生活年齢を十分に尊重したうえで、笑顔と優しい言葉かけを心がけましょう。

● 車いすを動かしたり動作の介助を行ったりするときには、必ず言葉かけをしてから行うことが大切です。しかしながら過剰な援助は発達や

自立の妨げになります。児童生徒の様子をよく見極め、必要な援助の手を差し伸べるように留意しましょう。

● 健康な人にはなんでもない環境であっても、特別支援学校（肢体不自由）の児童生徒の障害や持病の状態によっては細菌感染しやすいハイリスクな環境となってしまう場合もあります。着替えや手洗いを励行し、衛生環境の維持にも気を付けましょう。

4 病気療養中の児童生徒との関わり方と介護等体験

特別支援学校（病弱）で介護等体験をする方へ

（1）教育とその特色

病弱とは、医学用語ではなく、一般的に「心身の病気のため弱っている状態」のことを言います。学校教育における病弱は、「心身の病気のため継続的又は繰り返し医療又は生活規制（生活の管理）を必要とする状態」を表す際に用いられます。したがって、例えば風邪のような一時的な病気については、ここに該当しません。

近年は、医学等の進歩に伴い、入院期間の短期化や入院の頻回化（例えば、入院治療と自宅療養を併せた治療法により入退院を繰り返す等）、退院後も引き続き医療や生活規制が必要となるケースの増加など、病気療養中の児童生徒の治療や療養生活は大きく変化してきています。

病気療養児に対する教育（以下、「病弱教育」という）は、特別支援学校（病弱）のほか、通常の小・中学校等に設置されている病弱・身体虚弱特別支援学級（病院内あるいは校舎内）や通級による指導（病弱・身体虚弱）あるいは特別支援学校の教員が家庭や病院、施設等を訪問して指導を行う「訪問教育」等によって行われています。

「病気だから無理させなくても」とか「勉強は病気が治ってからやればいいのでは」と言われることがありますが、退院して、入院前に在籍していた小・中学校等（以下、「前籍校」という）に復学し、学習の遅れなく入院前と同じように授業に参加することが病気療養中の児童生徒の希望であり、それが「一日も早く前籍校に戻りたい」という入院治療に向かうモチベーションになることもあります。また、病弱教育は教科・科目等の学習だけではなく、病気療養中の児童生徒の生活を充実させ、心理的な安定を促すとともに、心身の成長や発達に好ましい

影響を与えると言われています。

　特別支援学校（病弱）の対象者は、2002（平成14）年4月の就学基準改正により、「治療に6ヶ月以上かかるものが対象」という規制がなくなり、2003（平成15）年度からは「継続して治療を必要とする」場合となりました。

　特別支援学校（病弱）では、児童生徒の特性に応じて、3つの教育課程を編成しています。小・中学校等に準ずる教育課程、知的障害を併せ有する児童生徒を対象とした知的障害の教育課程に代替する課程と、重複障害者のうち障害の状況により特に必要がある児童生徒を対象とする自立活動を主とする教育課程です。通常の小・中学校等で学んでいた児童生徒が病気の発症により入院し、特別支援学校（病弱）に転校した場合、小・中学校等と同様に、学年相応の学習を継続します。小・中学校等の知的障害の特別支援学級に在籍していた児童生徒が入院治療で特別支援学校（病弱）に転校してくることもあります。その場合は、知的障害を併せ有する児童生徒を対象とした知的障害の教育課程に代替する課程で学びます。重症心身障害児施設に入所している児童生徒は、一人一人の実態は違いますが、おおむね自立活動を主とする教育課程で学びます。このように、様々な児童生徒が在籍するのが特別支援学校（病弱）です。

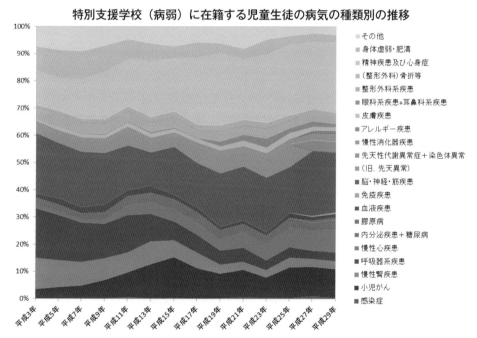

特別支援学校（病弱）に在籍する児童生徒の病気の種類別の推移

引用：「全国病弱虚弱教育研究連盟調査」

（2）指導とその関わり方

　病気療養中の児童生徒の主な疾患としては、白血病や脳腫瘍等の悪性新生物、筋ジストロフィー等の神経・筋疾患、喘息等の呼吸器系疾患、ペルテス病等の骨・

関節系疾患、糖尿病等のうち分泌疾患、アレルギー疾患、心臓病などの循環器系疾患、心身症及び精神疾患等があげられます。

　入院している児童生徒は、病院に併設あるいは隣接している特別支援学校（病弱）の本校・分校・分教室で学びます。病院内に特別支援学校（病弱）の本校が設置されている学校もあります。指導は一人一人の病気の状態に合わせて行われます。治療の状況や感染防止が必要な児童生徒には、教員がベッドサイドへ出向いて指導を行います。

　学習内容は前籍校と同じ内容を基本としています。病状の変化により入院・退院を繰り返す児童生徒に、学習の遅れや将来への不安を感じさせないためにも、前籍校との連携を維持することが大切です。また、長い入院生活を送る児童生徒は、積極性・自主性・社会性が乏しくなりやすいため、学校生活の中で可能な係活動や学校行事・校外学習などを工夫して計画的に取り入れています。また、体験的な学習を行うに当たっては、ＩＣＴ機器等を活用して間接体験や疑似体験等を取り入れるなど、指導方法を工夫しています。

　特別支援学校（病弱）には、小・中学校等と同じ教科・科目等のほかに「自立活動」があり、その指導が教科・科目等において育まれる資質・能力を支える役割を担っています。「自立活動」は、特別支援学校の教育課程において特別に設けられた指導領域です。授業時間を特設して行う「自立活動の時間」における指導では、一人一人の目標は違いますが、例えば、自分の病気についてよく知り、健康回復のためにどのような生活を送るのがよいのか等、自ら考え、よりよい方法を学びます。別の児童生徒は、再発しないための生活上の工夫や病状に注意しながら生活する態度・習慣を身につけるなど、自己管理能力を高めて意欲的に生きる力を育みます。また、病気への不安や家族と離れて生活する孤独感などに対して、病院や家庭と密接な連絡・連携を取りながら、心理的な安定を図ることも大切です。

　入院治療が終了すると退院して前籍校に戻ることになります。退院は、あくまで入院治療の終了であり、この先も通院治療は続きますし、完全に入院前の状態に戻って復学というわけにはいかない場合もあります。入院したことにより、体力が低下していたり、治療により髪の毛が抜けたり顔がむくんだりといった容姿の変化がある場合があります。また、長い期間学校を離れたことにより、友達関係や学習に対する不安が大きいこともあります。そのため、退院前に関係者が集まり「復学支援会議」を開くなど、復学に向けて、前籍校と十分に協議し、児童生徒が安心して、前籍校で学習できる環境を整えるための支援が必要です。

（3）介護等体験の例
① 授業を通しての体験
　児童生徒の多くは、治療や検査などを受けるために、登校して学習することがしばしば制限されます。そのため、学習に空白が生じて、進度が遅れる場合があるので、遅れた部分を個別に指導しながら習得させる必要があります。また、車いすやストレッチャー、医療機器などを使用しながら学習している児童生徒の安全を確保することも大切です。児童生徒は様々な治療等を行っているので、主治医から指示を受けている教員に言葉かけの仕方や介助の方法を聞きながら、正しく行うことが求められます。決して、自分の判断で動くことのないよう、確認することが大切です。

② 学校行事等での体験
　経験を広げ、社会性を豊かにすることをねらいとして、文化祭等の学校行事が行われます。児童生徒の介助や、教員の補助的な役割を担う場合もあります。

③ 教材・教具の製作補助
　児童生徒の障害の状態や生活の制限に合わせた指導を行うためには、いろいろな教材・教具を準備する必要があります。それらの製作の補助をすることもあります。

④ 環境整備の補助
　病気療養中の児童生徒の学習環境を衛生的に保ち、安心して学ぶことのできる環境を整えることも必要です。病棟内に持ち込むものが制限されることもあるので、自分の判断で持ち込まないようにしてください。洗えないものは、消毒用アルコールで拭いて使用することもあります。教材を拭いたり、使用したものを速やかに片付けたりすることも、よりよい学習環境を整える支援になります。

（4）病気療養中の児童生徒と接する方へ
　病気療養中の児童生徒と関わる際には、以下のようなことに気を付けてください。

● **自分から児童生徒、児童生徒から自分への感染予防に努めること**
　治療のために免疫力が低くなっている児童生徒がいます。また、入院・入所している児童生徒は感染症が重症化しやすく、集団生活のために感染の広がりが早いという状況下にいます。児童生徒に接する際は、石鹸による手洗いやアルコール消毒、うがいなど感染予防をするとともに、普段から健康管理に心がけ、病気を持ち込まない、また持ち出さないように気を付けることが必要です。体調が優れない、発熱した、家族が感染症に罹患した等のときは、すぐに教員に申し出てください。

● 寄り添う姿勢で、自然に接すること

　治療のための様々な制限が児童生徒の行動を消極的にしたり、自信を失わせたりすることがあります。また、難しいことに出会うと病気だからという理由で、避けたり逃げたりすることもあります。そんな児童生徒には、「できる」「わかる」という自信を得られる体験が大切であり、それが自己肯定感を高めることにつながります。児童生徒が自ら取り組もうとすることを見守り、寄り添う姿勢で接してください。

● 児童生徒のプライバシーに留意し、知り得た情報を外に漏らさぬこと

　児童生徒と接するなかで、病気に関わることや家族のこと等、個人情報に触れることがあります。どんな場合でも、それらの情報を他に漏らすことのないように配慮してください。病名等、児童生徒自身が知らない情報があるかもしれません。情報や接し方等を教員に確認しながら対応してください。

5　知的障害のある児童生徒との関わり方と介護等体験

特別支援学校（知的障害）で介護等体験をする方へ

（1）教育とその特色

　知的障害のある児童生徒の教育は、小・中学校等の特別支援学級（知的障害、自閉症・情緒障害）及び特別支援学校（知的障害）の幼稚部、小学部、中学部、高等部で行われています。教育の目標は、基本的には幼稚園、小学校、中学校、高等学校と同じです。しかし、知的発達に遅れがあり、社会生活への適応が困難であること等を考慮し、生活する力を高め、自立と社会参加のための知識・技能・態度や基本的生活習慣を養うことにも教育課程の重きを置いています。

　教育課程の特色は、障害の状況や学習上の特性などを踏まえ、自立と社会参加のための力の育成に重点を置いています。教科の内容を系統的に学習するだけでなく、具体的な生活経験を通して各教科の指導内容を総合的に学習する必要があります。このため、指導の形態として各教科別及び「特別の教科　道徳」「特別活動」「自立活動」などの教科等ごとに行う授業とそれらを合科的に学習する「各教科等を合わせた指導（日常生活指導、遊びの指導、生活単元学習、作業学習など）」があります。

教科等別の指導は、教科別指導は、生活と関連付けるなどの工夫をしながら各教科の基礎・基本的な内容の学習を行っています。教科書は児童生徒の障害の程度や発達段階に応じて、文部科学省の著作による国語、算数（数学）、音楽等の教科書またはその他の適切な教科用図書を使用しています。

「日常生活の指導」は、衣服の着脱や食事、持ち物の整理等、日常の基本的生活習慣の内容や挨拶、言葉づかい、礼儀作法等、集団生活をするうえで必要な内容を学習します。

「遊びの指導」は、例えば、砂遊びや水遊び等「遊び」の活動を通して、生活、国語、音楽、自立活動などの教科や領域の内容を学習します。

「生活単元学習」は、児童生徒の興味・関心を大切にしながら、季節、行事等に関連させた生活に密着した内容を題材として取り上げます。例えば四季折々のテーマ（七夕、豆まき、運動会、収穫祭、お別れ会等）を設定して、実際的・総合的に学習を計画し、生活上の課題処理や問題解決のために、自ら判断・表現・行動する力を学習します。

「作業学習」は、木工、縫製、窯業、農園芸、清掃、食品加工、事務等の作業活動を通した就労に向けた様々な基本的学習を中心に据え、将来の職業生活や社会的自立を目指し、生活する力を高めることをねらいとしています。そのため、一人一人の児童生徒の卒業後の進路を想定しつつ、社会的・職業的に自立するうえで必要な知識・技能・態度の向上を目指した学習を行っています。

（2）指導とその関わり方

指導については、一人一人の児童生徒の教育ニーズを把握し、障害の程度や発達段階に応じた個別の指導計画が立てられ、それに基づいた指導が行われています。

また、指導に当たっては様々な学習上の工夫をしています。例えば、児童生徒と教員との一対一の個別指導、複数の教員による小集団・大集団による指導等、学習集団編成においての配慮や、一人一人の児童生徒の運動能力や感覚能力等を高めるための教材・教具等の制作、開発を行っています。知的障害のある児童生徒は抽象的な理解力やコミュニケーション能力に困難があり、自分の心情や考えを適切に伝えたり、即時に判断したりすることが難しい傾向があります。そのため、行動特徴や心理特性については、一人一人の児童生徒の姿をよく見つめる必要があります。児童生徒の興味・関心に合った活動を計画し、進んで意欲的に活動に参加し、達成感がもてるように適切な支援をすることが大切です。また、集団の中で適切な役割を持ち、それを進めるなかで責任感、仲間意識、社会ルールや決まりを守る態度を育てます。

児童生徒と関わるうえで最も重要なことは、一人一人の児童生徒を豊かな個性

の持ち主として受け止めることです。それは、一人一人の児童生徒の個人差に配慮することにほかなりません。

（3）介護等体験の例

①　授業を通しての体験

　教科別の指導では、国語、算数等の指導の中で、個人差に配慮しながら個別の課題に応じた学習を進めます。教員と一緒に児童生徒の課題学習を支援する体験ができます。

　「日常生活指導」では、靴の履き替え、食事、歯磨き、持ち物整理、掃除、トイレ（排泄）等があります。日常的な生活の中で個に応じた支援をし、児童生徒の身辺処理能力を養います。

　「遊びの指導」では、自由遊び、課題遊び等があります。一定の時間、児童生徒が自由に遊ぶほか、簡単な手遊びや簡単なルールによる一対一の遊び、小集団による簡単なルール遊びがあります。児童生徒は、一人では活動的な遊びが難しい場合があるので、この中で興味・関心を広げたり、情緒を安定させたり、友達や大人と関わってコミュニケーション能力を高めたり、簡単な決まりやルールがわかるようになったりすることをねらっています。また、遊具や道具の使い方に慣れ、言葉、数量などの認識力を高めることにもつながります。皆さんは、一緒に遊ぶ相手として、児童生徒の特徴や課題を学ぶことができます。

　「生活単元学習」では、学習内容に合わせ教員の指示に従って、児童生徒と一緒に活動することができます。児童生徒が意欲的に活動できるように、共に動いたり、言葉かけをしたり、模範を示したりして教員を補助してください。

　「作業学習」では、製作・生産活動を通して社会的・職業的自立に向けた基本を学びます。児童生徒との活動に向けた指導のお手伝いや、児童生徒の特性や特徴を知ることができます。

②　学校行事での体験

　文化祭、運動会（体育祭）、交流会、校外学習、七夕祭り、音楽発表会等に参

加することにより様々な体験ができます。また、こうした行事に向けた事前・事後学習は「生活単元学習」の時間に行うことが多いです。行事に向けた練習やポスターの作成、行事が終わった後のお礼状の作成や感想等の発表などの学習に触れることができます。

（4）知的障害のある児童生徒と接する方へ

知的障害のある児童生徒と接するときは次のようなことを理解しておくことが大切です。

①　コミュニケーション

言語の発達は、児童生徒によって様々ですが、特別支援学校（知的障害）に在籍する児童生徒は、言葉によって意思を伝えることや、こちらからの指示等を理解することに困難のある児童生徒が多いです。そうした児童生徒とやりとりをする場合は、次のような点に気を付けてください。

- ● ゆっくりと話しかける。
- ● 一度に多くの指示を出さない。
- ● 児童生徒の発言はゆっくり聞く。
- ● 言葉を使うことが難しい児童生徒の場合は、指差し、動作やジェスチャー、絵カードや写真でコミュニケーションを図る。

大切なのは、児童生徒が言葉をうまく使えなかったとしても、その心の中には、意思や気持ちがいっぱいあるということです。それをしっかり受け止めようという気持ちをこちらがもつことが大切です。

②　行動

一つの遊びを長く続けることが難しかったり、友達と協力して遊びや活動をすることが難しかったりする児童生徒もいます。

また、こちらの予想しないような突飛なことをする場合もあります。

児童生徒の気持ちに寄り添いながら活動を支援するとともに、活動中は目を離さないようにすることが大切です。

自閉症のある児童生徒

　特別支援学校（知的障害）には、知的障害を併せ有する自閉症の児童生徒が多く在籍しています。

　自閉症は、乳幼児期に不適切な教育をされたために、親やその他の人たちに不信感を抱いて、心を閉ざしてしまったというような情緒障害や症候群ではありません。現在のところ原因不明の、そしておそらく単一の原因ではない中枢神経を含む生物学的レベルの障害で、生涯にわたって種々の内容や程度の発達障害を示します。

　自閉症の人は見たり聞いたり、そのほか感じたりすることを、一般の人のようには受け止めたり理解したりできないことがわかってきました。そのために、一般の人が通常やっているような方法で、話し言葉や身振りを用いてコミュニケーションすることが容易にできません。そのうえ、自分の周囲の環境や状況の意味を理解できないことが多く、慣れない場所には大変な不安や混乱を感じているのです。自閉症は、家庭養育や学校教育を始め、福祉施設における対応で、最も困難の大きい障害の一つです。そしてまだ、根本的な治療法はありません。

　また、自閉症の代表的な特徴として以下の３つがあげられます。
- 社会的な相互交渉の質的な障害
- コミュニケーション機能の質的な障害
- イマジネーションの障害

引用：日本自閉症協会『自閉症の手引き』

　このため自閉症の児童生徒は自分の気持ちを伝えたり、相手の気持ちをくみ取ったりすることがとても苦手です。行動も一見自分勝手に見えることがあります。言葉の話し方やコミュニケーションの取り方、人や物事への適切な関わり方を習得することが容易ではないということを理解してください。また、聴覚（音）などの感覚が過敏な人もいます。

　しかし、視覚的な手がかりがあれば比較的理解しやすいため、話し言葉だけに限らずに文字や絵カード、写真、具体物などを使ってコミュニケーションを支援していくことは大切です。できるだけ手順や方法を具体的に、その場で、何を、いつ、どのくらいすればよいか等を明確に伝えていきましょう。

練 習 問 題

あなたが介護等体験を行う特別支援学校の障害種によって、
児童生徒との関わり方で配慮しなければならない点を整理しましょう。

学校名	
設置してある障害種	視覚障害　聴覚障害　肢体不自由　病弱　知的障害
体験で学べそうな こと	
児童生徒との 関わり方	

特別支援教育とは

特別支援学校だけでなく、小学校・中学校・高等学校の特別支援教育を学ぶ

　これから小学校・中学校の教員を目指す皆さんは、ぜひ、特別支援教育のことを知っておいてください。特別支援教育は、特別支援学校などの特別な場において行われるものではなく、全ての学校において行われるものです。

（1）特別支援教育とは

　特別支援教育とは、障害のある幼児児童生徒の自立や社会参加に向けた主体的な取り組みを支援するという視点に立ち、幼児児童生徒一人一人の教育的ニーズを把握し、その持てる力を高め、生活や学習上の困難を改善または克服するため、適切な指導及び必要な支援を行うものです。

①　全ての学校で行われる特別支援教育

　特別支援教育は、知的な遅れのない発達障害等も含めて、特別な支援を必要とする幼児児童生徒が在籍する全ての学校において実施されるものです。

②　特別支援教育の対象者数

　2017（平成29）年時点で、特別支援学校及び小・中学校の特別支援学級の在籍者と、小学校・中学校・高等学校にて通級による指導を受けている児童生徒数を合計すると、約49万人になります。なお、このうち義務教育段階の児童生徒については、全児童生徒数の約4.2%に当たる約41万7千人です（『令和元年版　障害者白書』）。

　また、義務教育段階の児童生徒のうち、通常の学級に在籍している発達障害の可能性のある児童生徒は、全在学者の6.5%（平成24年文部科学省調査）となっています。

特別支援教育の対象の概念（義務教育段階）

(2017(平成29年) 5月1日現在)

義務教育段階の全児童生徒数989万人

特 別 支 援 学 校

視覚障害　知的障害　　病弱・身体虚弱
聴覚障害　肢体不自由

2007年比で1.2倍　**0.7**%（約7万2千人）　減少傾向

小 学 校・中 学 校

特別支援学級

視覚障害　　肢体不自由　　自閉症・情緒障害
聴覚障害　病弱・身体虚弱
知的障害　言語障害
（特別支援学級に在籍する学校教育法施行令第22条の3に該当する者：約1万8千人）

2007年比で2.1倍　**2.4**%（約23万6千人）

4.2%（約41万7千人）

通常の学級

通級による指導

視覚障害　肢体不自由　　自閉症
聴覚障害　病弱・身体虚弱　学習障害（LD）
言語障害　情緒障害　　　注意欠陥多動性障害（ADHD）

2007年比で2.4倍　**1.1**%（約10万9千人）　増加傾向

発達障害（LD・ADHD・高機能自閉症等）の可能性のある児童生徒：6.5%程度※の在籍率
※この数値は、平成24年に文部科学省が行った調査において、学級担任を含む複数の教員により判断された
回答に基づくものであり、医師の診断によるものでない。

（通常の学級に在籍する学校教育法施行令第22条の3に該当する者：約2,000人（うち通級：約250人））

引用：文部科学省「特別支援教育資料（平成29年度）」

③　場による教育からニーズに応じた教育へ

　特別支援教育は、障害のある幼児児童生徒の教育の基本的な考え方について、特別支援学校（盲・ろう・養護学校）や特別支援学級などの特別な場で教育を行う「特殊教育」から、一人一人のニーズに応じた適切な指導及び必要な支援を行う「特別支援教育」に発展的に転換しました。

④　一貫した支援のための個別の教育支援計画等による情報の伝達

　障害のある子供にとって、障害を早期に発見し、発達に応じた必要な支援を行うことは、その後の自立や社会参加に大きな効果があるとともに、障害のある子供を支える家族に対する支援という観点からも大切です。このため、早期からの教育相談・支援、就学支援、就学後の適切な教育及び必要な教育的支援全体を、一貫した「教育支援」として捉え直し、個別の教育支援計画を作成・活用します。

⑤　個別の指導計画による組織的で継続的な指導

　一人一人の多様な障害のある幼児児童生徒の指導に当たって、個々の幼児児童生徒の実態を的確に把握し、個別の指導計画を作成・活用します。特別支援学校及び特別支援学級に在籍する幼児児童生徒及び通級による指導を受ける児童生徒については、全員作成します。

⑥　ICTの活用等

　学習や生活上の困難がある児童生徒には、「できない」を「できる」に変える

支援機器としてＩＣＴを活用します。表現活動などの主体的な学習を可能にし、社会参加に向けてのスキルを大きく伸ばすことが期待されます。

⑦　交流及び共同学習

　障害のある幼児児童生徒と障害のない幼児児童生徒が共に活動する交流及び共同学習は、社会性や豊かな人間性を育成するうえで双方の幼児児童生徒にとって重要な意義があります。特別支援学校と小・中学校等とで活動する「学校間交流」や、特別支援学校に在籍する幼児児童生徒が居住地の小・中学校等で活動する「居住地校交流」が行われています。

⑧　小学校学習指導要領における記述

　2017（平成 29）年告示の『小学校学習指導要領』では、「特別な配慮を必要とする児童への指導」の項目に「障害のある児童などへの指導」として次のような記載があります。ここでいう「障害のある児童」とは、特別支援学校に通う児童生徒のことではなく、知的な遅れのない発達障害のある児童等も含まれます。

> 　障害のある児童などについては、（中略）個別の教育支援計画を作成し活用することに努めるとともに、各教科等の指導に当たって、個々の児童の実態を的確に把握し、個別の指導計画を作成し活用することに努めるものとする。特に、特別支援学級に在籍する児童や通級による指導を受ける児童については、個々の児童の実態を的確に把握し、個別の教育支援計画や個別の指導計画を作成し、効果的に活用するものとする。

　このように、特別支援学級だけでなく、通常の学級においても、障害のある子供について、個別の支援計画や個別の指導計画の作成が必要になります。特別支援教育は、全ての学校で行われるものですが、まさに、学習指導要領においても、そのことが明示されているわけです。

　なお、中学校学習指導要領の中にも、同様に「特別な配慮を必要とする生徒への指導」の記載があります。

『小学校学習指導要領』における障害のある児童などへの指導の記述

第1章　総則

　第4　児童の発達の支援

　2　特別な配慮を必要とする児童への指導

（1）　障害のある児童などへの指導

ア　障害のある児童などについては、特別支援学校等の助言又は援助を活用しつつ、個々の児童の障害の状態等に応じた指導内容や指導方法の工夫を組織的かつ計画的に行うものとする。

イ　特別支援学級において実施する特別の教育課程については、次のとおり編成するものとする。

　（ア）　障害による学習上又は生活上の困難を克服し自立を図るため、特別支援学校小学部・中学部学習指導要領第7章に示す自立活動を取り入れること。

　（イ）　児童の障害の程度や学級の実態等を考慮の上、各教科の目標や内容を下学年の教科の目標や内容に替えたり、各教科を、知的障害者である児童に対する教育を行う特別支援学校の各教科に替えたりするなどして、実態に応じた教育課程を編成すること。

ウ　障害のある児童に対して、通級による指導を行い、特別の教育課程を編成する場合には、特別支援学校小学部・中学部学習指導要領第7章に示す自立活動の内容を参考とし、具体的な目標や内容を定め、指導を行うものとする。その際、効果的な指導が行われるよう、各教科等と通級による指導との関連を図るなど、教師間の連携に努めるものとする。

エ　障害のある児童などについては、家庭、地域及び医療や福祉、保健、労働等の業務を行う関係機関との連携を図り、長期的な視点で児童への教育的支援を行うために、個別の教育支援計画を作成し活用することに努めるとともに、各教科等の指導に当たって、個々の児童の実態を的確に把握し、個別の指導計画を作成し活用することに努めるものとする。特に、特別支援学級に在籍する児童や通級による指導を受ける児童については、個々の児童の実態を的確に把握し、個別の教育支援計画や個別の指導計画を作成し、効果的に活用するものとする。

引用：『小学校学習指導要領（平成29年告示）』

発達障害

　発達障害とは、発達障害者支援法には「自閉症、アスペルガー症候群その他の広汎性発達障害、学習障害、注意欠陥多動性障害その他これに類する脳機能の障害であってその症状が通常低年齢において発現するものとして政令で定めるもの」と定義されています。

自閉症の定義　＜ Autistic Disorder ＞

（平成 15 年 3 月の「今後の特別支援教育の在り方について（最終報告）」参考資料より作成）

　自閉症とは、3 歳位までに現れ、①他人との社会的関係の形成の困難さ、②言葉の発達の遅れ、③興味や関心が狭く特定のものにこだわることを特徴とする行動の障害であり、中枢神経系に何らかの要因による機能不全があると推定される。

高機能自閉症の定義　＜ High-Functioning Autism ＞

（平成 15 年 3 月の「今後の特別支援教育の在り方について（最終報告）」参考資料より抜粋）

　高機能自閉症とは、3 歳位までに現れ、①他人との社会的関係の形成の困難さ、②言葉の発達の遅れ、③興味や関心が狭く特定のものにこだわることを特徴とする行動の障害である自閉症のうち、知的発達の遅れを伴わないものをいう。また、中枢神経系に何らかの要因による機能不全があると推定される。

学習障害（ＬＤ）の定義　＜ Learning Disabilities ＞

（平成 11 年 7 月の「学習障害児に対する指導について（報告）」より抜粋）

　学習障害とは、基本的には全般的な知的発達に遅れはないが、聞く、話す、読む、書く、計算する又は推論する能力のうち特定のものの習得と使用に著しい困難を示す様々な状態を指すものである。

　学習障害は、その原因として、中枢神経系に何らかの機能障害があると推定されるが、視覚障害、聴覚障害、知的障害、情緒障害などの障害や、環境的な要因が直接の原因となるものではない。

注意欠陥／多動性障害（ＡＤＨＤ）の定義
＜ Attention-Deficit/Hyperactivity Disorder ＞

（平成 15 年 3 月の「今後の特別支援教育の在り方について（最終報告）」参考資料より抜粋）

　ＡＤＨＤとは、年齢あるいは発達に不釣り合いな注意力、及び／又は衝動性、多動性を特徴とする行動の障害で、社会的な活動や学業の機能に支障をきたすものである。

　また、7 歳以前に現れ、その状態が継続し、中枢神経系に何らかの要因による機能不全があると推定される。

※アスペルガー症候群とは、知的発達の遅れを伴わず、かつ、自閉症の特徴のうち言葉の発達の遅れを伴わないものである。なお、高機能自閉症やアスペルガー症候群は、広汎性発達障害に分類されるものである。

引用：主な発達障害の定義について－文部科学省

（http://www.mext.go.jp/a_menu/shotou/tokubetu/004/008/001.htm）

（2）小学校における特別支援教育
①　小学校期の児童と教育

　小学校期は低学年（入学～小３頃）と高学年（小４～小６）に分けることができます。低学年期は身体的・運動的の発達に伴い活動の範囲が広がり、言葉と認識の力も高まります。幼児期特有の自己中心性も残っていますが、他人の立場を認めたり、理解したりする能力も徐々に発達してくるので善悪の判断や規範意識の基礎の形成、情操を育てる時期と言えます。高学年期は幼児期を離れ、物事をある程度抽象化して認識できるようになります。自分のことも客観的に捉えられるようになりますが、一方で、発達には個人差があります。身体も大きく成長し、自己肯定感をもち始める時期ですが、反面、自己に対する肯定的な意識をもてず、劣等感をもちやすくなる時期です（いわゆる９歳の壁）。自他の尊重の意識や他者への思いやりの気持ちを育て、集団における役割を自覚したり、主体的な責任感を育成したりする時期と言えます。

②　小学校の通常の学級の教育

　小学校の通常の学級に在籍している障害のある子供については、一人一人の障害の実態に応じて指導内容、方法を工夫することとされています。

　各学校では、特別支援教育コーディネーターを配置し、関係諸機関との連絡調整や校内委員会の推進を図り組織的に支援を行っています。

　また「個別の教育支援計画」や「個別の指導計画」を作成するなどして、支援の必要な子供に対して、適切な支援を行っています。そのほかにも発達障害の可能性のある子供たちについて配慮した教室環境や授業づくりの工夫も進められています。こうした配慮は、障害のある子供だけではなく、どの子にとっても有益な教育環境づくりに繋がります。

③　小学校の通級による指導

　通級による指導とは小学校の通常の学級に在籍する子供に対して、ほとんどの授業を通常の学級で行いながら、障害の状態に応じて、特別な指導を特別な場（いわゆる「通級指導教室」など）で行う教育の形態です。

　通級による指導は、言語障害、自閉症、情緒障害、弱視、難聴、学習障害（ＬＤ）、注意欠陥多動性障害（ＡＤＨＤ）等を対象としています。

　特別な指導については、『特別支援学校小学部・中学部学習指導要領』にある自立活動を取り入れ、一人一人の児童生徒の状態に応じて具体的な目標や内容を定めて指導します。例えば、弱視学級では、拡大教材、液晶画面に文字を拡大して見る拡大読書器、タブレット型ＰＣ等の活用など、一人一人の見え方に適した教材・教具や学習環境のために工夫しています。難聴学級では補聴器等の活用に努め、子供の聞こえを生かして抽象的な言葉の理解を促したり、教科学習の定着

を促したりして、子供の可能性を最大限に伸ばす指導を行っています。

④　小学校の特別支援学級

　小学校の特別支援学級では、子供一人一人の障害を正しく理解するとともに、個別の教育的ニーズを把握し、少人数による適切な指導や必要な支援が行われています。

　特別支援学級には、比較的軽度の障害のある子供たちを教育するために、知的障害、肢体不自由、病弱・身体虚弱、弱視、難聴、言語障害及び自閉症・情緒障害の学級があります。教育内容は、原則として小・中学校の学習指導要領に沿って行われますが、子供の障害の状態や特性などに応じて、特別支援学校の小・中学部の内容を取り入れるなど、弾力的な教育課程を編成し指導や支援を行っています。

　また、特別支援学級は、小・中学校に設置されているので、通常の学級の子供たちと各教科や学級活動、学校行事などを共に行う「交流及び共同学習」など、相互の密接な連携のもとに指導が行われています。

⑤　小学校の知的障害特別支援学級

　知的障害特別支援学級では、同年齢の子供と比べ「認知や言語に関わる知的機能」に遅れがある子供たちに対して、小集団の中で、個に応じた教科の内容や生活に役立つ内容を指導しています。小学校では、体力づくりや基本的生活習慣の確立、日常生活に必要な言語や数量などの指導を行っています。また中学校では、小学校の教育をさらに充実させ、社会生活や職業生活につながる知識や技能などを身に付けられるような指導を行っています。

　また、教室で学ぶ授業のほかに学校や教室から外に出て、農家の方から農作業を学んだり、地域の商店街の方々から販売や接客の仕方を学んだりする、体験的な学習を行うことがあります。

⑥　小学校の自閉症・情緒障害特別支援学級

　自閉症・情緒障害特別支援学級では、基本的には、通常の学級と同じ教科等の内容を子供たちの状態に配慮しながら進めるとともに、情緒の安定を図るような指導をします。そのうえで自閉症や心理的な要因による選択性かん黙等の障害により、社会的適応が困難になり、学校などで集団生活や学習活動に支障のある行動上の問題を有する児童に対して、基本的な生活習慣の確立、適切な意思の交換、円滑な対人関係を築く方法の獲得、目標をもって学習に取り組む、不登校等による学習上の空白を埋め基礎的・基本的な学力を身に付けるなど、個々の児童によって指導目標や指導内容・方法を工夫して指導を行っています。

　対象となる児童の障害は、障害特性や要因が多岐にわたるため、一人一人の児童の実態等に応じて適切に指導する配慮と工夫をしています。

自閉症の子供は多くの場合、他の人とのコミュニケーションに課題があるなど、自閉症の特徴から社会生活上の困難がある場合があります。それらの困難さに対して、知的発達や経験の状態、過敏性等の感覚の特性などを考慮しながら具体的な生活技能や対人関係の形成のための技能の習得を目指した指導を行っています。具体的には、運動機能、感覚機能を高めるための指導、言葉の内容を理解する指導、人との関わりを高めるための指導等を行っています。

　情緒障害のある子供は、学校生活や社会生活に適応できなくなることにより、他の子供から離れてしまうと同時に、その保護者も他の保護者から孤立してしまう傾向が見られます。保護者の悩み等を十分に聞き取り、関係諸機関と連携を取りながら保護者支援を行っていくことも必要です。

（3）中学校における特別支援教育
①　中学校期の生徒と教育

　青年前期とも言われます。中学生のこの時期は、思春期に入り、親や友達と異なる自分独自の内面の世界があることに気付き始めるとともに、自意識と客観的事実との違いに悩み、様々な葛藤の中で自らの生き方を模索する時期でもあります。また、大人との関係よりも、友人関係に強い意味を見出します。親に対する反抗期を迎えたり、親子のコミュニケーションが不足したりする時期でもあり、思春期特有の課題が現れます。仲間同士の評価を強く意識する反面、他者との交流に消極的な傾向も見られます。具体的な事柄に関して首尾一貫した思考が可能であるだけでなく、目に見えない抽象的な事柄についてもかなり深い思索ができるようになり、社会の存在を認識し、個人と社会との関係等についても理解できるようになります。自己を見つめ向上を図るなど自己の在り方に関する思考を深めたり、社会の一員として自立した生活を営む力を育成したり、他者との望ましい関係や決まりの意義について理解を進めたりする時期と言えます。

②　中学校の通常の学級の教育

　中学校の通常の学級に在籍して支援を必要としている子供については一人一人の障害の実態に応じた支援がなされています。各校において、管理職・特別支援教育コーディネーター、養護教諭、スクールカウンセラー等で構成された校内委員会を中心として、個別の指導計画・個別の教育支援計画に基づき指導法の工夫・諸機関の連携等が行われています。さらに、通常の学級でも、インクルーシブ教育の考えのもとに、個別的配慮を必要とする子供だけではなく、学級にいる全ての子供たちが安心・安全に生活できる環境や、よりわかりやすい指導方法等、ユニバーサルデザイン化された教育が実践されています。

　落ち着いて過ごせる学習環境・障害の特性等を踏まえた一斉指導の工夫、障害

等による困難を軽減するため個別的な支援や配慮、一人一人を大切にする学級経営などが進んでいます。進路指導については通常の高等学校だけではなく特別支援学校への進学も視野に入れた相談・指導の充実が図られています。

③　中学校の通級による指導

通級による指導とは、通常の学級に在籍しながら、週１回程度、特別な指導を特別な場（いわゆる「通級指導教室」など）で受けるもので、個別の課題に沿った指導を受けることができます。

通級による指導では、集団での適応に困難がある生徒に対し、情緒の安定を図りながら、社会性を身に付け、コミュニケーション能力を高め、他人との関わり方を学び、また、自分に合った学び方を学べるよう、継続的な指導を行っています。

通級による指導は、情緒障害・発達障害、難聴、言語障害等がその対象となっています。なお、東京都では2016（平成28）年度から特別支援教室の導入が開始され、2018（平成30）年度から本格実施となりました。中学では遅れて、2018（平成30）年度から導入が開始され、2019（平成31）年度に本格実施されました。

④　中学校の特別支援学級

中学校においても、小学校同様に、知的障害、肢体不自由、病弱・身体虚弱、弱視、難聴、言語障害及び自閉症、情緒障害の特別支援学級があります。その中でも、とりわけ中学校期という発達段階を踏まえた支援を行う必要があるのが、知的障害特別支援学級と、自閉症・情緒障害特別支援学級です。

知的障害特別支援学級では、一人一人の障害や発達の実態を踏まえたうえで、保護者、本人の希望も取り入れるとともに前籍小学校や関係諸機関と連携を図りながら個別の教育支援計画の策定及び個別の指導計画の作成をし、有効な活用及び支援を展開します。また、保護者の希望あるいは同意を基に必要に応じて、その他外部支援機関との連携・協力も計画的に実施します。学習において個々の発達段階に応じた学習課題を設定し、基礎・基本的な学力の定着と向上を図るため、生徒の実態に応じ、一斉授業、グループ別指導、学年別指導、個別指導を行います。

生活面においては互いに人格を尊重し、思いやりをもって向上し合える集団を育てるために、一人一人の個性を認め合う気持ちをもたせるとともに、規範意識、礼儀に重点を置いて、その内容を理解させるために場面ごとに守るべきルールやマナーを明確にして具体的に指導します。着替え・摂食・トイレ・移動等は、可能な限り自分で対処できるように機会を捉え、指導しています。家庭と連携しながら学校、家庭の両面から個々の課題改善のため指導しています。

また、計画的に通常の学級の授業や生徒会活動や学校行事に参加するなど交流及び共同学習に定期的に参加し、通常の学級の生徒との交流を図っています。

進路指導に関しては生徒の自立や社会参加に視点を置き、面談や、高等学校訪問や進路説明会への参加を促し、生徒のニーズに合った進路決定に繋いでいます。

自閉症・情緒障害特別支援学級の知的障害を併せ有しない生徒の学級については、中学校の通常の教科等である国語、数学、英語、理科、社会等に加えて、個々の生徒が自立を目指し、障害に基づく種々の困難を主体的に改善・克服するために必要な知識、技能、態度及び習慣を養い、もって心身の調和的発達の基盤を培うための指導である自立活動に取り組みます。

（4）高等学校における特別支援教育

① 高等学校期の生徒と教育

「令和元年度学校基本調査（速報）」によると、高等学校進学率は、現在では98.8％に達しています。各学校（全日制、定時制、通信制）においてそれぞれの特色を生かしながら、生徒の能力・適性、興味・関心、進路の多様化などに応じた創意工夫に富んだ魅力ある学校づくりが進められています。

一方、「インクルーシブ教育システム」の理念を踏まえ、高等学校が適切に特別支援教育を実施することが求められています。文部科学省の調査によれば中学校の特別支援学級の卒業生の30％以上が高等学校に入学する実態があります。また、義務教育段階での学習内容の学び直しや、生徒の学習意欲をめぐる問題などへの対応が求められています。

② 高等学校の通常の学級の教育

生徒一人一人の個性を伸ばし、知・徳・体の調和の取れた充実した教育を実現するため、各校においてはそれぞれの特色を生かして創意工夫に富んだ魅力ある学校づくりが進められています。

2016（平成28）年4月には「障害者差別解消法」が施行されて、高等学校における障害のある生徒に対する適切な指導及び必要な支援の充実は、一層重要性を増しています。2007（平成19）年度以降、高等学校における特別支援教育のための体制については、校内委員会の設置や特別支援教育コーディネーターの指名といった基礎的な体制は、各校においても整えられつつあります。

③ 高等学校の通級による指導

中学校で通級による指導を受けている生徒数は年々増加しており、2017（平成29）年度には11,950人となり、1993（平成5）年度の296人と比較すると、約40倍に達しています。これらの生徒を受け入れている高等学校が、学校教育法に基づき適切に特別支援教育を実施できるようにするために、小・中学校等における通級による指導に相当する、高等学校における「学びの場」の早急な整備が求められています。中学校から引き続き通級による指導を必要とする

生徒や、小・中学校等で通級による指導及び通常の学級における支援を受けなかったことにより、困難を抱え続けていたり、自尊感情の低下等の二次的な課題が生じていたりする生徒に対しては、高等学校において、速やかに適切な指導及び必要な支援が行われることが期待されます。

　中央教育審議会において高等学校における通級による指導の必要性が訴えられ、国は、高等学校における通級による指導を制度化するための省令等の改正を行い、2018（平成30）年度から施行することとなりました。今後は、全ての都道府県で、通級による指導を受けられる高等学校が増えることが予想されます。

VI 障害のある子供の保護者の声 当事者の声

　介護等体験は、障害のある児童生徒や高齢者等と直接関わる体験を通して、将来、教員として必要になる「命の尊厳」や「人権意識」を学ぶ制度です。こうした目的を踏まえて、障害のある児童生徒と直接関わるとき、障害のある児童生徒本人の気持ちや障害のある児童生徒を育てる保護者の気持ちを少しでも理解することはとても大切なことだと考えます。

　こうした観点から、この章で、全国の障害種別ＰＴＡ連合会及び障害者団体からの声、そして障害当事者の声を掲載することにしました。これらの声を参考にして介護等体験に臨まれることを切に希望します。

1 保護者の声

障害のある子供を育て、
支える保護者の気持ちを知る

（1）全国盲学校ＰＴＡ連合会保護者の声〈視覚障害児を育てて〉
① 保護者の声

　三男は先天性緑内障で産まれ、生後７日で手術をし、弱視児になりました。長男と同じ病気でした。「どうしてうちの子ばかり？　私の何が悪かったのだろう？」と最初は考えていましたが、三人の子育てに追われ泣いている時間もありませんでした。２歳のときに盲学校の育児相談に通っていた知人から「あなたのお子さんこそ盲学校に通った方がいいわよ」と言われ、見えているのに盲学校？と思いながら見学に行きました。そこで一人一人に合った指導をしている様子を見て、三男にもできることを増やしてあげたいと盲学校に通うようになりました。

　幼稚部に入学する前は触ることが苦手な子で、砂場遊びも「手が汚れるからイヤ」と全く砂に触れることができませんでした。幼稚部に入学後はいろいろな物に触ること、手指の操作性の向上に力を入れていただき、家庭でも靴紐にビーズを通す練習などを行い、少しずつ成長しました。盲学校で教わったことと家庭で行うことの間にズレが生じて三男が混乱することがないように、担任によく相談して進めるようにしました。なんでも学校任せにしないことが重要だと思います。

幼少期に気を付けたことは情報のコントロールです。とにかく質問が多く、毎日「〇〇ってどういう意味？　あの音は何？　このにおいは？」と質問攻めでした。視覚からの情報が乏しいため、言葉での説明を丁寧に正確にするよう心がけていました。ただ、情報を与えすぎて実体験とのバランスが合わず、知識だけが先行することがないように気を付けました。

　視覚障害児の課題として、健常者との関わり方があげられます。盲学校というとても狭い世界だけで育ってしまうと社会に出たときに戸惑うことが多くあると思います。小さいときからなるべく健常者との関わりを増やすため、保育園の併用、副籍校での交流、習い事としてアトリエに通うなど工夫していました。関わりのなかで健常者のスピード、現実を知ることが息子にとっては収穫になったと感じました。

　そして現在は、病状の悪化と思春期が重なり、とても難しい時期です。緑内障だけでなく、白内障、網膜剥離の併発により、視力をほぼ失いました。部活動もできなくなり、やる気が起きない日々を乗り越えるため、盲学校では先生方が励ましてくれています。家庭では見守り、息子が次のステップへ安心して進めるように環境を整えるのが務めだと考えています。

② 　保護者の声

　息子は妊娠 23 週で産まれましたので出生体重は 624 ｇでした。生後 3 か月の時、未熟児網膜症により「見えない子」になるという宣告を受けました。深い悲しみと先の見えない不安を抱える日々でしたが、息子は私の声を早くから聞き分け、反応し、語りかけると笑顔で応えてくれました。私は自分が見たものをなんでも言葉にして彼に話すようになりました。「今日は夕焼けがきれいなのよ、夕焼けっていうのは太陽が沈むときに空いっぱいにオレンジ色になるの。太陽っていうのはね、オレンジ色っていうのはね」などなど、ずっと語りかけていた気がします。どこまで理解できたかはわかりませんでしたが喜んで聞いてくれたので夢中で話していました。０歳から通った盲学校では何でも触ることを徹底して教わりました。手は目の代わりになるのです。全体がわかるように少しずつずらしながら物の形を丁寧に教えていただきました。始めは恐る恐る手を出していましたが言葉と物が一致することを喜び自分から手を出し確かめるようになりました。触れないものは粘土を使って教えたりも

しました。例えば動物園のゾウは粘土で教えました。視覚障害児は見て真似をすることができないので、何をするのにも時間がかかります。根気よく見守るゆとりがあるとよいかと思います（当時は必死でなかなかできなかったのですが…）。初めての場所では手を前に出しながら歩かせたり、何があるかなどの情報をできるだけたくさん伝えたりしています。特に危険がないよう、ぶつかりそうな場所や段差を言葉、手、足を駆使して理解させるようにしています。

　最後に音楽についても少し触れたいと思います。息子は現在音楽の専門学校で学び、ピアノやエレクトーンをイベントなどで弾かせていただいております。初めてピアノでメロディーを弾き始めたのは2歳のころでした。幼少期は曲だけでなく様々な生活音、ご飯が炊けた音、お風呂が沸いた音、踏切の音、パトカーのサイレン、コンビニのチャイムなどを耳コピしてピアノで弾いていました。そんな時は思い切り褒めるようにしていました。これは障害児に限ったことでないと思いますが、褒められることで認められたことを知り、それが次に進む力となるのだと思います。苦労も多くありましたが、いろいろなジャンルの音楽を聴かせたり、音の名前がわかるように階名で歌ったりと、音楽に囲まれた毎日を送れたこともよかったのではと感じています。

　これまで、常に助けてくださる多くの方々に恵まれたことに感謝しつつ、今もゆっくりと成長を続ける息子を見守る日々を過ごしています。

（2）全国ろう学校ＰＴＡ連合会保護者の声
〈聞こえない、聞こえにくい子供たちは今…〉

　聞こえない、聞こえにくい子供たちは、聞こえる子供たちと同じようにテレビや映画を見たりゲームをしたりスポーツをしたりして過ごしています。テレビは字幕があると話がわかって楽しめるので特にテロップの多い番組をよく見ています。そこからいろんな言葉を知ります。映画は字幕があるか確認してから見に行きます。でも、大抵は吹替になっていたり、字幕のある映画の上映時間がいつも朝一番であったり、地域によって見たい映画に字幕があったりなかったりするので、不便を感じています。もし字幕のある映画が近くでやっていなかったら、市をまたいで別の映画館まで見に行かねばなりませんし、字幕での上映期間がとても短くて見そびれてしまうこともあります。そういうときはＤＶＤ化を待つしかありません。でも、昔と

比べて今は映画だけでなくドラマなどもＤＶＤ化されることが多く、また、ユーチューブなどもありますから、昔と比べて見る楽しみが増えてきたなぁと感じています。

　ゲームは、音声のあるゲームの場合は視覚的にわかるようにルールを作り変えてやっています。例えば、カルタの場合は読み手は声でなく指文字で表し、それを見て札を取ります。ある程度文章の意味が分かれば手話で表し、それを読み取って札を取ります。スポーツや遊びも目で見える合図やルールを使って行っています。これも子供たちが先輩から教えてもらったり自分たちで考えたりして、方法やルールを工夫して遊びます。

　聞こえない、聞こえにくい子供たちは、人の動き、表情、周りの様子などをよく見て、いろいろなことを感じています。そうした経験をもとに気持ちのままにいろんな話をしたい、いろんなことを知りたいと思っています。私には、聞こえない子供と聞こえる子供がいます。聞こえない子供のＡ子が小学部１、２年生のときに担任の先生に呼び出されました。何事かと思い行ってみたら、担任の先生はとても言いにくそうに「おうちは大丈夫でしょうか？」と言われました。何のことかわからず、話を聞いてみると、「Ａちゃんが朝から元気がなかったので呼び出して話を聞いてみたら、泣きながら『お父ちゃんとママが離婚するらしい』『昨日、いっぱいケンカしてた』『離婚するとママが言った』と話してくれました」と先生。恥ずかしくて顔から火が出るってこういうことかと思い知りました。「確かにケンカしたし、離婚するとも言ったけど、それはその場の勢いで言っただけです。でも、Ａ子はその様子を見ていなかったのに、なぜわかったのだろう？それに、どうして離婚という言葉を知っているんだろう？」そう言ったら先生は、「よかった！　でも、Ａちゃんは見てないようでよく見ていたと思いますし、とても傷付いたと思います。離婚という手話と別れるという手話が同じだから、Ａちゃんは『離婚＝別れる』と理解したのではないでしょうか。冗談でも言葉には気を付けてあげてくださいね」と言われてしまいました。とても恥ずかしくて、本当に気を付けようと思いました。まだ小さいからわからないだろうと思っていたのに、子供はちゃんと見ているんだと思い知りました。それから意識して子供たちの様子を見ていると、確かに観察力の高さに驚くことがよくありました。もう一人の聞こえない子供のＢもそうです。普段はあまりワ～っと喋らないクールな子ですが、私と二人きりになると思い切りたくさん喋ってきて夜更かしになることもあります。その話を聞いて、物事について深く考えているのにびっくりさせられたことがたくさんありました。

　家族の中でのコミュニケーションは手話が中心で、聞こえない子も聞こえる子も、兄弟でそれぞれの学校の情報や悩みなどをよく話し合っています。また、親

の私たちともいろんな話をし、お喋りが絶えません。自分が子供の頃は、聞こえる親、聞こえる兄弟とこういう話ができませんでした。今でもまだ気楽に会話はできません。だからこういう会話ができるととても気持ちが解放され、自分の居場所があることを感じ、それがとても大事なことだなと実感しています。今、社会の一員として生きるなかで、周りの会話に入れず寂しさと不安を感じるとき、孤独という感情に押し潰されそうなときがあります。そんななかで気楽に話し合える家族は私にとって心のオアシスになっています。

　そういうわけで、私の子供たち、そして聞こえない、聞こえにくい子供たちが、この社会の中で孤独という感情を感じることなく、押し潰されることなく、気持ちのままに話したりいろんなことを知ったりしながら、大きく育ってほしいと願っています。

（3）全国特別支援学校知的障害教育校ＰＴＡ連合会保護者の声
〈知的障害のある子との学び〉
○ 知的障害のある子を育てて

　我が子に知的障害があることがわかる時期というのは、実に様々です。産まれる前や産まれたときにわかる場合もありますし、１、２歳の発語が出始めると言われる頃や、就学前や学齢期に徐々に気付き始める場合もあります。徐々に障害があることに気付く場合には、「男の子は発語が遅いことがあるから」「うちの子は活発でじっとしていないから」「一つのことにこだわり集中するタイプだから」など、それらがゆくゆくは追いついていく発達なのか、障害に起因するものなのか、と悩むことがあります。さらに、幼稚園などの集団保育に通う時期になると、同年代の子供たちの成長と比べ、「個性」と「標準」との間で悩みは増幅します。

　障害のある子をもつ親にとって「障害を受け入れる」とは、「ありのままの我が子を受け入れる」ということです。例えば、他の子供たちと比べて人の目を気にしたり、親が事実から目をそらしたりすると、子供のありのままの姿を見ることがどんどん先延ばしになってしまいます。この「障害を受け入れる」までは、親にとっても子供にとっても、大変つらい時期であると言えるでしょう。

　今は、就学前の時期から様々な相談支援体制が整備され、早期の段階で療育が行われています。取り出し指導（在籍学級から離れ、別室で個別指導を行うこと）やソーシャルスキルを積むためのグループレッスンなど、早い段階から、一人一人のニーズに合った教育や支援を受けることが可能です。親にとっては障害のある子とともに学ぶ機会となり、障害を受け入れて間もない親同士の交流も生まれます。

　特別支援学校では、日常生活の指導や教科別の学習、作業学習など、個別の課

題に応じた学習が進められます。できないことを注視するのではなく、子供が持つ困難さに対して興味関心からできることを引き出し、達成感や自己肯定感を積み重ねていきます。また、子供の発達段階に応じて課題はその都度変化します。学校や家庭、障害児通所支援先などが子供の現状を共有し、共に教育環境と生活の支援体制を整えていくことが重要になります。

○ 教員と保護者の関わり

　知的障害のある子供たちは、細かな状況や感情を説明することが困難であり、言語の表出自体が難しいことも多いので、保護者は子供との会話ややりとりでは、学校での様子が十分に把握できません。また、成長に応じて様々な悩みや不安を抱えています。日頃から、教員と保護者間での連絡帳の活用や、個別面談、保護者会などでの対話を通して、互いの立場を理解しながら信頼関係を築いていくことが不可欠です。また、家庭生活や放課後等デイサービス、登下校、余暇の時間など、学校で過ごす以外の時間において、普段の教室内では見られない姿や、新たな課題がみつかることもあります。教員と保護者が様々な状況での子供の様子を共有し、課題について一緒に考えていくことで、今後の子供たちへのより適切な指導や支援に役立てることができます。

○ 地域交流と心のバリアフリー

　ＰＴＡは、多くの学校で組織されている任意加入の団体で、保護者と教員が両輪となって、子供たちのために様々な活動をしています。近年では、主体的かつ誰でも無理なく取り組むことができるＰＴＡ活動が求められています。各学校のＰＴＡでは、地域との交流を図るお祭りなどの行事や放課後活動、保護者同士の学習会を行っています。地域の方々と一緒に活動することで、障害に対する理解が進み、互いに助け合い、学び合う関係性が生まれています。また、学校での障害者理解の取り組みとしては、障害のある児童生徒と障害のない児童生徒との交流及び共同学習があります。障害のあるなしにかかわらず、双方にとって豊かな人間性を育むとともにお互いを尊重し合う機会となるなど、大きな意義を有するものです。これらは学校卒業後においても、地域で共に助け合い、支え合っていく力となり、共生社会を実現するための大きな一助になっています。

○ 生涯を通しての学び

　特別支援学校では、卒業後の社会参加を見据え、自分らしい生き方の実現に向

けて一人一人の障害の程度や発達段階に応じたキャリア教育が進められています。では、学校を卒業し、就労先や社会的活動先が決まれば、子供たちのキャリア発達は途切れてしまうのでしょうか。

　学校を卒業した障害者にとって、社会参加とは働くことだけではなく、人との関わりや学びを継続させ、様々な経験や楽しみを通して生きがいのある生活を追求し、地域で豊かに生きていくことです。近年では、学ぼうとする意志や夢、生きがいを具現化し、障害の有無にかかわらず全ての人に生涯学習の機会が与えられるよう、教育・福祉・労働・医療などの分野の関係機関・団体における連携した仕組みづくりが進められています。

（4）全国肢体不自由特別支援学校ＰＴＡ連合会保護者の声
〈肢体不自由校へようこそ！〉

　私は、23歳の長男と、21歳の長女と、17歳の肢体不自由児の次男を育てている母親です。肢体不自由校へ通う次男は、お腹の中で双子でした。一人を亡くした時「50％の確率で脳性麻痺になる」と言われてびっくりしました。子供なんて五体満足で生まれて当たり前、元気で生まれて当たり前だと思っていたのです。妊娠4か月の頃でした。3人目の子供であり、海外暮らしも経験していたので、「なんとかなるさ」と思い育て始めましたが、やはりいろいろありました。ただ、悪い事ばかりでなかったのも事実です。

　男の子・女の子、二人を育てた後でしたが、肢体不自由児がゆっくりだけれど発達の順を辿るのを知り、驚きでした。3年かかって首が据わりました。6年かかって、不安定ですが少しの時間なら、床に座ることができるようになりました。普通の子供を育てた経験は自信となりました。

　2歳の頃から通園を始めました。市立の保育園と併置のところなので、先生は市の保育士さんでした。私は障害の本を読み漁り、次男を訓練（ＰＴ：理学療法士、ＯＴ：作業療法士、ＳＴ：言語療法士）へ連れて行き、「障害のあるこの子は特別だ！」と、1から10まで、いや10以上、手を出す子育てをしていたので、園の光景にとてもびっくりしました。先生方は保育士なので、障害児でも保育園の他の子供と同じように接します。子供たちの生活の流れ、身支度の動線は決まっています。食事の前後で手を合わせ挨拶もします。食事が終われば自分でできるお片付けをするのを先生は待っています。お昼寝の時間になると、寝る寝ないにかかわらず、布団に寝かせます。次男は「障害児である前に一人の子供」だったのです。障害のある次男を、この子は何もできないから、と勝手に決めつけ大事に保護するあまり、結果何もできなくさせていたのは私だったのです。どの子供にも伸びようとする力があるのに、それを母親の思い込みで潰しかけていたので

す。次男は今でも食事の前後に挨拶をしますし、簡単な身の回りの片付けは自分でしようとします。（もちろん実際には一人だけではできないことも多いのですが）。

　肢体不自由児を育てるなかで気付いた、子供の息遣いに自分の呼吸を合わせて様々な感覚で子供を捉えること、全ての子供には伸びようとする力があるので、それを信じて待つこと、それを伸ばすのを思いっきり手伝うこと、スモールステップを飛ばさずにその積み重ねを大切にすることなどは、上の二人の子供を育てるうえでも大いに役に立ちました。肢体不自由児の子育ては、育児の原点だと感じています。三人を育て「同じところを押さえ、違うところに配慮したらよいだけだ」と気付けたことに、感謝をしています。

　医療的ケア、寝たきり、車いす、慢性疾患、身体介護、摂食支援…、びっくりしましたか？　怖いですか？　でもここは病棟ではありません。高齢者施設でもありません。学校です。学びの場所です。「医療的ケア」と呼ばれる胃ろうも呼吸器も酸素も、それを付けていることで子供の体調は安定します。つまりこれは、子供の体の一部です。日々のケアの一部です。なのでどうぞ怖がらないでください。

　2012（平成24）年、女子教育の必要性を訴えていたパキスタンの女の子が、女性の教育・就労権を認めないタリバン武装勢力にスクールバスの中で頭を撃たれました。彼女は奇跡的に助かり半年後の彼女の誕生日に国連本部でこう言いました。「一人の子供、一人の教師、一冊の本、そして一本のペン、それで世界を変えられます。教育こそがただ一つの解決策です。エデュケーション・ファースト、教育を第一に」。彼女の名前はマララ・ユスフザイ。7月12日はマララの日となりました。しかし彼女は言います。「マララの日は私一人のためにある日ではありません。私は傷付いた数多くの人たちの中の一人の少女です。私達は暗闇の中にいると光の大切さに気付きます。沈黙させられると声を上げることの大切さに気付きます。銃を目にするとペンと本の大切さに気付きます」。発展途上国の女の子の教育を受ける機会の話と、日本の「重度・重複障害」の子供たちの教育を受ける機会の話を同じように論じるのは少々乱暴ですが、しかし「全ての政府が持つ、世界の全ての子供たちへの無料の義務教育を確実に与えることへの責任」は、私たち大人が実現する努力をしていかないといけないことなのです。人生とは学ぶことであり、学ぶことは生きる喜びです。どんなに障害が重くても教育は重要であり、それは一生涯を通して、人として求めていかねばならないものなのです。

　教員という職を選ぼうとしている皆さんへ、国民の一人として敬意と感謝を贈ります。人は学べば学ぶほど自分が何も知らなかったことに気付きます。気付け

ば気付くほど、また学びたくなります。プロとして誇りをもち日々の授業をデザインできる教員になってください。子供たちが学校に通う時間は1日の4分の1です。子供たちに真剣勝負で臨んでください。皆さんに期待をしています。

（5）全国病弱虚弱教育学校ＰＴＡ連合会保護者の声
〈病弱児を育てて〉

① 保護者の声

　第二子は、白血病の診断を受けました。抗がん剤治療の厳しさのなか、多臓器不全に陥り生死の境をさまよった結果、脳血管障害のため、半身麻痺という障害と共に歩むことになりました。麻痺からくる二次的な症状に対する治療は、現在も続いています。血液検査の結果が全て正常範囲内になったのは、特別支援学校を卒業してから2年半後の高校3年の夏休み。小児血液内科の主治医を中心に脳外科・歯科・小児外科・整形・リハビリ・精神科医・看護師などたくさんの方々が連携して治療に当たってくださり、感謝の念に堪えません。

　学校生活での苦労は進学先がなかなか定まらなかったということに尽きます。大学受験を見据えたとき、特別支援学校では受験に向けての十分な授業ができないと言われ、厳しいとわかりつつ、地域の県立高校に受験をして進学したこと、またその後、体力的についていけず、何度も熱を出し体調を崩す綱渡りのような日々が1年以上続いたことです。

　第三子は、摂食障害との診断を受けました。日に日に痩せて動けなくなり不安が募るなか、基本的な治療法も確立されていないため、ドクターも手探り状態での治療になりました。精神科医、小児科医との連携も上手くいかず、治療が軌道に乗らないことで、学校への登校もままならない厳しい状況に置かれています。

　第二子と第三子の双方がお世話になっている特別支援学校の先生たちには感謝でいっぱいです。病気を知らされたときのショックなどから不登校で頑なになっている子供たちと、根気強く忍耐強く付き合ってくださいました。意識不明でＰＩＣＵ（小児集中治療室）にいる間も毎日のように様子を聞きに来てくれたり、家でずっと動けずにいるならと携帯で学校の様子を送ってくれたり、諦めないで見守ってくださることが本当にありがたかったです。高校受験のときには受験から発表まで寄り添ってくださいました。

　親の願いは、病気になっても障害があっても、どんなときにも自分らしく生き抜く力を身に付けてほしいということです。そして、何より大事で何より大切なのは、コミュニケーションだと感じる今日この頃です。子供を取り巻くたくさんの大人たちは、全て子供の環境です。子供は私たち大人を通して世界を覗いています。お互いを慈しみ励まし合い、大切にすることを常に忘れないでほしいと思

います。

② 保護者の声

　娘は、小3で起立性調節障害を発症し、さらにアレルギー性気管支喘息が重なり、高校では、摂食障害を起こし、半年間の休学もありました。中学生で、寄宿舎のある病弱特別支援学校へ入学、初めて親から離れての生活が始まりました。親子で不安だらけでしたが、校長先生はじめ教職員の先生方には、大変にお世話になりました。不登校の時期もあり、学習面でかなり、遅れていました。しかし、先生方と本人の努力が実り、無事に中学、高校を卒業し、今年で21歳になります。専門学校も卒業して就職できたのも束の間、肺炎に2回なりました。体力がもたず、医師からも止められて、お仕事もお休みしました。もう、ダメだ！と、親子で諦めかけていたら、社長が、家で勤務していいからと、PCを使った仕事をくださいました。今でも感謝を忘れません。当時は必死でした。しかし、娘の長い人生を考えたら、少し遠回りして行くのも、また、人生だと思いました。現在は、特別支援学校でのたくさんの出会いのおかげで、病弱の子をもつお母様方と、子供たちと、楽しく交流しております。

　辛かった、悔しかった、嬉しかった、様々なことがありましたが、学校に頼れる先生が多かったのは、得した気持ちで、よく相談させていただきました。感謝でいっぱいです。進路先の希望が、最大の悩みだった時期、教員の皆様に励ましをいただいたことは、忘れません。生徒一人のために、共に悩んでくださり、母親として救われた日々が、懐かしいです。娘も、家庭へ帰るより学校にいる方が楽しかったといつも話していました。まだまだ完治はしませんが、娘が病気になってくれたからこそ、皆様との出会いがありました。病気と「共生」しながら、長い人生を親子共々に成長してまいります。

---

2 ┃ **障害者に関わる関係団体の声**

障害のある子供たちを支援する
団体の方々の気持ちを知る

（1）「社会福祉法人　全国重症心身障害児（者）を守る会」

　重度の身体障害と重度の知的障害を併せ有しているのが、重症心身障害児者です。医療・看護の支援がないと生活できない人がほとんどで、医療的ケアが必要な人もいます。支援をするときには、一人一人の病状を踏まえた個性を十分把握したうえで、関わってください。

○ 注意していただきたい具体的な内容（※介護等体験では体験生が実施しない内容もあります）

● ほとんど寝たままで、自力で起き上がることも移動することもできないため、いろいろな姿勢のバリエーションによる体位変換を心がけ、褥瘡（床ずれ）や身体の変形・拘縮（関節が動かしにくくなった状態）の予防をしてください。

● 更衣においては、弛緩剤、抗痙攣剤等を多く与薬されていることや、自発的な運動ができないことも相まって、骨が脆（もろ）く、骨折しやすい状態です。また、筋緊張の強い人もいます。急な手足の伸縮やねじりにより、すぐ骨折に繋がるリスクを持っていますので、股関節、肩関節等、亜脱臼、脱臼している箇所にも注意を払って、無理な動きによる衣服の着脱は避けてください。

● 摂食においては、経管栄養、経口摂取がありますが、個々に合った食事形態や介助方法について保護者から情報を得て介助してください。噎（む）せ込（こ）みが激しいときや、体調が悪そうなときは無理に食べさせないようにしてください。

● 他動的な運動・訓練（障害者が身体の中で動かしていない部分を他者が動かすこと）をするときは、専門医からの運動制限や、理学療法士から運動可動域の指導を受けたうえで、手足の変形、拘縮、側弯や胸郭の変形等に気を付けて行うようにしてください。

● 健康面では、気管支炎や肺炎、感染症等にかかりやすく、てんかん発作のある人が多いので、吸引器による痰の吸引を行う際や呼吸器を装着している場合においては、正しい手技を用いることや異常を知らせるアラームに注意してください。また、言語による理解・意思伝達が困難なため、体調の変化を見逃すと命に関わります。常日頃から、身体の至るところ（目鼻口等）や排泄状況（排尿、排便回数、量、色、臭い）等の様子を観察することで、体調の変化の早期発見に繋げてください。

● コミュニケーションにおいては、言語表出、言語理解が困難であるため、意思疎通が難しい人が多いです。しかし、どんなに障害が重くとも、必ず内に秘めた能力を持ち合わせて周囲の人々に大きな勇気や希望を与えてくれます。たとえ瞬き一つ、指一本の動きであってもそのサインを見逃さず、読み取っていただき、一人一人の潜在的な能力をキャッチして、可能性を最大限に伸ばすように支援していただくことが、私たちの望みです。

（2）「全国視覚障害児（者）親の会」

　視覚障害と一口に言っても、想像以上に幅が広く、先天性視覚障害、全盲、弱視、視野狭窄、色弱などに加えて、徐々に見えなくなる進行性視覚障害などがあります。知的障害・身体障害を併せ有する重複障害もあります。

　先天性の視覚障害児の教育に関しては、早い段階から教育相談を受け、盲学校の幼稚部、小学部、中学部、高等部を経由して卒業し、社会に出ていくことになります。高等部を卒業後、専攻科や大学に進む方もいます。こうした障害児者の受ける教育は、全て社会に出ていくための自立を目指した学びでもあります。その時々に応じて障害当事者に合った教育が与えられれば幸せなことです。

　どのような人間も生涯にわたって学び、生きる権利があります。そのためには、親・教員・児童生徒・友人・指導員等、周囲の全ての人々と何らかの関わりを持って成長していくことを理解してほしいと思います。

　一般に目から入る情報の占める割合は、人間が様々な感覚を通して受け取る情報のうち8割とも9割とも言われます。したがって、視覚に障害があるということのハンディは大変大きいと言えます。停電したときに経験する不自由さを考えてもらえれば、その苦労が理解できるかと思います。生活を共にする親は、驚かされ、びっくりしたり、なるほどと感心したりすることが多くあります。子供と共に歩むことで、様々なことを学ぶことができました。子供に多くのことを教わり学びました私は幸せです。感謝しております。

　障害者の進む道は、決して平坦ではありません。障害を理解することとは、障害当事者から信頼の感情をもってもらい、彼らが安心して前に進めるよう支援することではないでしょうか？　人の手は、無機物と違ってぬくもりを持っています。心を温かくして、必要な情報を正確に伝え介助してください。介護等体験に関わる皆様、どうぞよろしくお願いいたします。

（3）「盲ろう児とその家族の会　ふうわ」

　視覚と聴覚の両方に障害を有する状態を「盲ろう」と言いますが、その障害の状態や程度は様々です。見え方と聞こえ方の組み合わせによって、全く見えず聞こえない状態の「全盲ろう」、全く見えず聞こえにくい状態の「全盲難聴」、見えにくく聞こえない状態の「弱視ろう」、見えにくく聞こえにくい状態の「弱視難聴」という4つのタイプに大別されます。また、盲ろうの子供たちの多くは、肢体不自由や知的障害などの障害や疾病を併せ有します。

　盲ろうの子供たちのコミュニケーションは、子供の表情やしぐさから読み取って関わる段階から、実物の提示、身振りサイン、手話の形を触って読み取る「触手話」、指文字の形を触って読み取る「触指文字」、点字、話し言葉など多彩で多

様です。視覚と聴覚からの情報が入らない、入りにくいなかで、得られる情報が限られ、また絶対的な経験の乏しさがあります。概念形成の基盤となる実体験を積み上げていくことが大切で、体験して初めて周囲で起きていることが理解できます。以下のことに配慮して関わってください。

- まずは、そばにあなたが来たことを伝えましょう。盲ろうの子供にとってわかりやすい、あなたの名前の印（ネームサイン：タオル地のアームバンドやふわふわの髪飾り、色鮮やかなエプロンなど）を身に付け、毎回同じ物を触らせることで、あなたのことを識別できるようになります。

- そして、盲ろうの子供の「嬉しい」「楽しい」「悲しい」などの感情や気持ちを表情などから読み取り、受け止め、動作やサインなどで共有することで、人間関係をつくり、心理的な安定を図ることができます。

- 次の活動の物や印などを触らせて伝えることで、盲ろうの子供は行動の見通しが立ち、安心します。

　盲ろうの子供のコミュニケーションは一対一が基本となり、時間もかかるため、コミュニケーションの量は圧倒的に少なくなります。また、盲ろうの子供が言語を獲得するまでには、多くの時間と学習の段階が必要で、語彙を増やすことや文法の習得には、さらに多くの時間と系統的な指導が必要となります。声や音、光も届かない、届きにくい世界の中にいる盲ろうの子供にとって、人の存在こそが外の世界に繋がる窓口となり、多くの人との出会いが世界を広げることとなります。まずは、好きなことを一緒に楽しみましょう。

（4）「特定非営利活動法人　全国ＬＤ親の会」
○ 学習障害（ＬＤ）は、小学校に入ってから目立ちやすくなる

　学習障害（ＬＤ）は、「読む」「書く」「計算する」「推論する」というアカデミックスキルと「話す」「聞く」というコミュニケーションスキルにおける認知機能の障害です。上記のうち、特定の能力の習得と使用に著しい困難があるため、発達の凹凸状態が一人一人異なり、困難を抱える状態も年齢や環境によって異なってきます。「読む」「書く」「計算する」「推論する」といった能力は、小学校に上がってから本格的に学習が始まるため、勉強面で学習障害（ＬＤ）の症状が目立ちやすくなります。

○ 特定の認知機能の障害であるため理解されにくい

● 「個別に言われると聞き取れるのに、クラスなど集団の場所では難しい」ことから「聞いていない」と誤解されてしまう。【聞くことの苦手さ】

● 「言葉に詰まったりして筋道の通った話ができない」ため、自分の意見を言うことに自信がもてなくなってしまう。【話すことの苦手さ】

● 「音読が遅く、文中の語句や行を抜かしたりして読む」ため、文章を読むことが嫌いになってしまう。【読むことの苦手さ】

● 「文字を覚えたり書いたりすることが難しく、黒板やプリントの文字の書き写しに時間がかかってしまう」ので、授業の速さについていけなくなる。【書くことの苦手さ】

● 「計算をするのにとても時間がかかる」ことから、時間を逆算して行動を始めたりする時間管理も苦手になってしまう。【計算することの苦手さ】

● 「起承転結といった流れや因果関係を理解することが苦手」なため、周囲と異なった理解のまま物事が進んでいってしまう。【推論することの苦手さ】

○ 他の発達障害との合併が多い

学習障害（ＬＤ）は、注意欠如・多動症（ＡＤＨＤ）や自閉スペクトラム症（ＡＳＤ）との合併も多く、ＡＤＨＤやＡＳＤにおける行動や対人関係の課題の方が目につきやすいため、ＬＤに対する支援は見過ごされがちになってしまいます。

○ 努力していることを認めてあげてください

どんな人にも得手不得手があります。学習障害（ＬＤ）の場合は、その不得手な部分も全くできないわけではないので、「単なる努力不足」と思われがちです。さらに本人たちは、頑張っても頑張ってもできないことで、「自分はだめな人間だ」と自信をなくしてしまいます。学校の先生方に彼らの学習を支える味方になってほしいと願ってやみません。

（5）「一般社団法人　日本自閉症協会」

○ 障害名にとらわれないで、その生徒のことをわかってほしい

● 発達障害の児童生徒は教員の性格に対して驚くほど敏感

児童生徒は自分に安全な人なのかどうかを一瞬に見抜きます。彼らを導き教えることができるのは、彼らを真に理解し、偽りのない愛情を示す人、彼らに対して親切さと、そしてユーモアを示す人です。

● 発達障害の既成概念は目を曇らせる

　　児童生徒が自閉スペクトラム症などの発達障害だと聞くと、その障害の知識で児童生徒を見てしまい、その結果、その児童生徒本人を理解する感性が弱くなることがよくあります。世間の常識を優先すると、叱責の対象かどうかで見てしまいますし、障害知識は、できない理由に使われます。発達障害は学習の仕方の違いです。その児童生徒の学習スタイルを見抜いて、工夫をしていただきたいのです。

● 生理的な辛さにまず配慮

　　発達障害の児童生徒は、周囲からの様々な刺激や、予定の変更などの環境要因に敏感で、それが睡眠障害や自傷や他害の原因になります。児童生徒の様子に環境がどう影響しているのかをよく観察していただくことが大事です。

● 安心の提供こそ成長の土台

　　発達障害の人は不安になりやすく、不安を解消しようとする行動が問題行動に繋がりやすいのです。安心と自尊心を形成するには何年も必要ですが、それを壊すのは一瞬でできます。学校という社会でつまずく児童生徒は多いのです。教科学習以上に学校生活（児童生徒同士や教員との関係）に気を配ってほしいのです。

● 保護者を味方に

　　親も孤立していることが多いため、まずは、保護者のこれまでの苦労に耳を傾けることかと思います。最近は、生来の障害はさほど重くないが、行動に問題があるという児童生徒が多くなっています。いつの時代も、養育環境に恵まれない子供はいました。そもそも子供は親だけでなく、他の大人や年上の子供の愛情ももらって育っていたと思います。望ましくない家庭環境であっても、だれかが見守って、適切に介入してあげてほしいと思います。

（6）「全国手をつなぐ育成会連合会」

　　介護等体験の皆様の中には、知的障害のある子供たちと接するのは今回初めてという方もいらっしゃるかもしれません。立場こそ違えど私もかつてはそうでした。我が家の双子の息子は重度と軽度の自閉症です。障害程度の違いも相まって、一卵性ながら性格も趣向も全く違います。なんでもさっさと済ませたい長男と、ゆっくり時間をかけたい次男との狭間で、二人それぞれに声をかけながら、これだけは二人共通の「僕を見て」に対応するべく、配分にも気を配り、阿鼻叫喚、悲喜こもごも、だけど愛情いっぱいの日々を重ねてきました。ですが、一つのこ

とを身に付けるにも時間がかかり、障害特性によっても、「何でこんなことを！？」と愕然とする行動を、毎日手を替え、品を替え、眼前で繰り広げてくれる息子たちに、目を白黒させての育児です。「だめ！」「ちゃんとして！」「早く！」などの否定や抽象的な言葉かけが功を奏さないことを、親自身が理解できるまでにも時を要しました。知的障害のある子供たちには、具体的な行動を簡潔でわかりやすい言葉で伝えることが大切です。予定や行動の見通しをもつことで安定が得られることや、視覚支援が有効なことなども、息子たちと接してきて学んだことです。知的障害のある子供たちの成長はゆっくりでも段階的な指導で力を伸ばすことができます。時間がかかる分、できるようになったときの喜びもひとしおです。そこに至るには、先生方の存在も大きく、たくさんのお力をいただき、一緒に子供たちを育てていただきました。人は一人では生きていけません。障害のある子供たちにはさらに多くの支援の手が必要です。

　息子たちが学校に入学して間もなく、障害のある子供たちの教育は特殊教育から特別支援教育へと転換しました。幼児児童生徒一人一人のニーズに応じた教育を礎とする特別支援教育が進められて10余年が経ち、定着と充実が図られています。一方では障害の重度化・多様化が進み、また近年では卒業後の企業就労率も高まり、より一層一人一人に応じた指導と支援、教員の専門性の向上、本人を中心とした縦横の関係機関との連携が求められています。ですが、制度が変わり、時代が変わりゆくなかでも、子供たちが主体であることに変わりはありません。そして、子供たちへの指導や支援は人が人に対して行うことです。そこには思いがあり、考え、深める様々な過程があり、また本人の姿を多面的に的確に捉えてこそ生かせるものです。皆様が介護等体験で多くのことを学び、子供たちの未来に新たな一歩を踏み出してくださることを、心から願っています。

（7）「公益社団法人　日本てんかん協会（波の会）」

○ 皆さんに知ってほしい、てんかんのこと

● てんかんとはどういう病気か

　大脳の神経細胞（ニューロン）は、微弱な電気が流れて規則正しく活動をしています。ここに一時的に大量の電気が流れて（過剰な放電）表れる症状が、てんかん発作です。てんかんは、繰り返すてんかん発作が特徴の病気の総称です。どの年齢でも発症し、脳のどこで異常が生じたかで、表れる症状が異なります。約100人に1人が発症し、適切な医療により80％程度は発作のコントロールができます。

● てんかんを難しく捉えないでください

　てんかんのある人には、運動障害や発達障害を併せ有する人が多くいます。

子供のときに発症すると家族は過保護になりがちで、保育園・幼稚園や学校では過度な行動制限をしがちです。これが、子供の自我の形成に、大きく影響します。教育の場でも、てんかんのある子を安心して受け入れられるように、関係者との協力関係が大切です。

○ 具体的な対処方法

● 発作が起きた時の対応

焦らず、危険のない場所で気道を確保し見守りましょう。発作の様子、持続時間、意識の状態、発作後のケガの有無などを観察しましょう。発作重積状態などにならない限りは、救急車は必要ありません。

● どんなときに起きるか

発作は、いつでも、どこでも起こりますが、関係者と連携が取れていれば、比較的早めの対応が可能です。

● 運動制限は必要か

主治医からの行動制限指示がない限り、制限の必要はありません。

● 家族や主治医との連携

家族は子供の発作症状を最もよく知っています。主治医との連携も、正しい対処法の第一歩です。

○ まとめとして

「発作が起こってもいい学級、学校」を目指してください。「てんかんのある子供」や「発作」も、それぞれ異なります。担任する子供の、てんかんを知りましょう。それが、不安を大きく減らします。

そして、てんかんばかりに注目せず、子供全体を見てください。子供は、毎日発作があっても、24 時間のほとんどは元気に過ごしています。てんかんがあるというだけで活動制限の必要はありません。活発でメリハリのある学校生活を、送れるように考えてください。

（8）「一般社団法人　日本筋ジストロフィー協会」

筋ジストロフィーは筋肉が少なくなる進行性の病気で、様々な病型を合わせ、国内の患者数は 25,400 人と推計されています。

デュシェンヌ型は、小学校では通常の学級に就学することが多い病型です。5、6歳まで運動機能が発達、一度は歩行機能を獲得しますが、10 歳くらいから車いすを使うようになります。福山型は、早期から特別支援教育を選択したり、学校介助員のサポートを得たりして学校生活を送ることの多い病型です。歩けるようになることは稀、対人能力は高いものの知的障害があり三語文までの獲得という子がほとんどです。このほかにも、ベッカー型、肢帯型、顔面肩甲上腕型、筋

強直性ジストロフィー等様々な病型があり、病型による差、個人差が大きいのが筋ジストロフィーです（弊協会ＷＥＢサイト「筋疾患辞典」参照）。国内外で様々な研究が進められていますが、2019（令和元）年現在、まだ根治薬はありません。

○ 特性のご理解を

　飲み込む力を補うための経管栄養、呼吸する力を補うための人工呼吸器、咳をする力を補う吸引器やカフアシストなど、医療的ケアの利用で、命を守り、生活の質を維持することが可能です。学校生活内でも利用できるよう、病気の特性を理解していただき、温かく見守って、新しい可能性を見出していただくことが大切です。

○ できないことではなく、できることに着目を

　他の子供たちと同じようにはできない、以前できたことができなくなった、と本人も周囲も最初から諦めてしまうことがあります。できないことではなく、できること、できる方法に着目してください。例えば、ＩＣＴ技術の進化は日進月歩です。指先の力で操作できるデジタル教科書、ＰＣやタブレット、身体が動かせなくても使える視線入力など、様々な工夫が可能です。パラスポーツやｅスポーツも発展しています。本人の意思を尊重して、なんでもチャレンジさせてください。

○ 関係者、関係機関との連携を

　保護者や周囲の教職員、療育機関や医療機関、地域のＩＣＴ支援専門家、弊協会のような患者団体等と連携していただき、愛情を注いで、充実した学校生活ができるよう心掛けてください。

（9）「ＮＰＯ法人　全国ことばを育む会」

　私たちの会は、60 年近く前に創設された「全国言語障害児をもつ親の会」の歴史と実績を受け継いで、2005（平成 17）年に「ＮＰＯ法人　全国ことばを育む会」として、スタートしました。合言葉は「子供を真ん中に、親と先生が両側から支えて三人四脚で」です。「言葉がはっきりしない」「お友達とうまく遊べない」「わかる言葉の数が少ない」「耳の聞こえが悪いかもしれない」「話すときつかえたり繰り返したりすることがある」など、子育てをするなかで感じる心配を、身近に相談できる場として活動を続けています。

　コミュニケーションに悩みや不安のある子供たちの支援の場として、公立小中学校に「通級指導教室（学級）」が設置されています。高等学校にも、まだ数は少ないですが、通級教室が設置され始めています。「言葉の教室」「聞こえの教室」「発達支援教室」等の名称で呼ばれています。地域の通常の学級で教科の学習をし、週に１回程度通級し、その特性に応じた支援を受けます。支援を受け短い期

間で終了する場合も多くあります。その学びの場で支援を受けている子供たちの保護者が主な会員となっていますが、ＯＢも会員として関わり、子育ての先輩として、進学の悩み、就労の悩み、思春期の心・行動の悩みなど、アドバイザーとしての支援をしています。特に進学を控えたときに、通常の学級を選択するのか、特別支援学級・学校を選択するのか大きな迷いが生じます。親同士なので、ざっくばらんに話ができ、悩みの解決に指針がもらえたという声をよく聞きます。「言葉に特別なニーズをもつ子供たちとその家族」を生涯にわたって支援し、「豊かで生きる力となる"ことば"と、あたたかく・やさしい"こころ"を育む」ためにこれからも活動していきます。

（10）「一般社団法人　全国心臓病の子どもを守る会」

　先天性の心臓病はおよそ 100 人に 1 人生まれています。心臓は生命維持にかけがえのない臓器ですから、その機能に大きな障害があれば、生活上や運動面などでハンディキャップを負うことになります。しかし、医学の進歩は目覚ましく、50 年前には救えなかった重症の心臓病児も、成人期を迎えられるようになりました。病気を抱える子供たちの学童期から青年期への教育の役割はますます重要になっています。また、川崎病や突発性心筋症など幼小児期に発症する病気もあるように、一口に子供の心臓病といっても、大人の心臓病（虚血性）とは全く違い、病気の種類も病状病態も様々あり、手術の前後でも大きく異なります。まずは、子供の心臓病について正しく理解し、一人一人の子供の障害や病状に合わせた適切な支援や配慮を考えていくことが大切です。

　心臓病は内部の障害であるため、見た目ではわかりづらく、歩けない、運動ができない、行動が遅いなどの原因は、肢体に問題があるわけではありません。経験不足や怠けと思われがちですが、心臓機能障害は鍛えて治るものではありません。「疲れた」という場合も、活動量の多さではなく、心臓の機能不全からくるものです。少しの運動で疲労感を感じることもあります。だからといって全く運動をしない方がよいわけではなく、自分なりのペースを知り、できることを伸ばしていくよう支援していただければと思います。心臓病児は、季節によっても、体調によっても状態が日々変化し、同じ病名であってもできることできないことが異なります。また、発達障害、知的障害を併せ有する子供も少なくありません。しかし、病気への正しい理解とほんの少しの配慮があれば、心臓病の子供も生き生きと学校生活を送ることができます。

心臓病というと、受け入れる学校としてはかなり神経を使うということをよく言われます。在宅酸素療法を受けている子供も、以前より多く見受けられるようになりました。安全面での配慮や緊急時の対応では、学校と保護者、主治医がしっかりと連携し、情報を共有してコミュニケーションを密にしておくことが望まれます。そのうえで、病気があっても充実した学校生活を送ることができるように体制を整えていくことが必要です。

「心臓病の子どもを守る会」は、全国に50の支部があり、赤ちゃんから大人まで先天性心臓病の子供について、多くの経験と情報をもっています。親の会を上手に活用していただければ幸いです。

(11) 「公益財団法人 日本ダウン症協会」

「公益財団法人　日本ダウン症協会（JDS）」は、ダウン症のあるお子さんをもつ人たちと、ダウン症のある人の支援をしてくれる方々を中心にした会員組織です。もともとはダウン症児の親の会「こやぎの会」と「財団法人　小鳩会」が中心となって全国各地にある親の会に参加を呼びかけ、1995（平成5）年に「任意団体　日本ダウン症協会」が発足。その後、2001（平成13）年4月に財団法人、2008（平成20）年12月に特例民法法人、2013（平成25）年4月に公益財団法人になりました。全国に現在、53の支部・準支部があり、約5,600名の会員がいます。ダウン症に関する知識の普及啓発、情報の提供、調査研究、相談等の事業を通じ、ダウン症のある人たちとその家族の福祉の増進に寄与することを活動目的としています。

ダウン症とは、正式名は「ダウン症候群」（最初の報告者であるイギリス人のジョン・ラングドン・ダウン医師の名前により命名。アップ・ダウンのダウンではありません）で、染色体の突然変異によって起こり、通常、21番目の染色体が1本多くなっていることから「21トリソミー」とも呼ばれます。この染色体の突然変異は誰にでも起こり得るもので、性別や人種、経済状況などにかかわらず、800〜1000人に1人の割合で生まれてくると言われます。

ダウン症の特性として、筋肉の緊張度が低く（低緊張）、多くの場合、知的な発達に遅れがあります。発達の道筋は通常の場合とほぼ同じですが、全体的にゆっくり発達します。また、心疾患や難聴、甲状腺疾患などの合併症を伴うことも多いのですが、医療や療育、教育が進み、最近ではほとんどの人が普通に学校生活や社会生活を送っています。寿命も飛躍的に延び、社会における活躍の場、余暇の楽しみも広がっています。

人間は一人一人違いを持っています。ダウン症も生まれつきの特性（性格や体質のようなもの）の一つと捉えていただきたいです。発達が緩やかなことなど、

ダウン症の影響はありますが、個人差がありますし、両親から引き継いだものや生まれ育った環境によって様々な個性を発揮します。基本的には個性豊かな「普通の子、普通の人間」です。

　2012（平成24）年から、国際連合（国連）において、国際デーの一つとして3月21日が「世界ダウン症の日（World Down Syndrome Day）」と制定されています。ダウン症のある人たちの多くは21番目の染色体が3本あることから、この日に定められました。ダウン症のある人たちがその人らしく、安心して暮らしていけるよう、日本中・世界中でさまざまな啓発イベントが行われます。

3 ┃ 当事者の声

障害のある子供たちの気持ちを知る

（1）視覚障害のある当事者の声

① 視覚障害当事者の声

　私は小学校4年生まで通常の小学校に通っていましたが、突然の病気で目が見えなくなってしまい、中学1年生の4月から盲学校へ通い始めました。

　はじめは点字を読んだり書いたり、白杖を使って歩いたりなど、目以外の感覚を使って勉強するのに慣れず、とても大変でした。特に歩行練習が難しかったです。足で点字ブロックを踏まなければならない、耳で車の音や自転車の音を注意して聞かなければならないのです。見えていたときは目だけで全ての情報を得て歩いていましたが、見えなくなってからは耳、手、足、全身を使って歩かなければならないのです。

　しかし、盲学校歴5年になって、盲学校ならではのいいところにも気が付きました。一番大きいのは、見えなくてもちょっとした工夫をすることで、できないこともできるようになるところです。私はこれに感心しました。普通の人からすれば、見えないからできないよね、と思うことでも、実はやり方を工夫するだけでできることがたくさんあるのです。そのためにも盲学校があるのかなと思いました。

　また、盲学校には寄宿舎もあります。通学が困難な人や自立性を高めたい人が寄宿舎に入って、日常生活で自分でできることを増やしていきます。私の通う盲学校の寄宿舎には、一人暮らしの模擬体験ができる部屋もあります。

　盲学校は勉強だけでなく、日常生活の面からも自立の力を伸ばしていけるとこ

ろです。高校を卒業したら、この環境から離れていかなければならないので、今のうちにできることを増やしていきたいです。

② **視覚障害当事者の声**

　私は、高校入学時から盲学校に通い、卒業後、あんまマッサージ指圧、鍼灸の専門的分野を学べる専攻科に進学しました。同時に、男子ゴールボール日本代表としても活動しています。

　私は小学校３年生で両眼の視力が 0.1 以下に低下しました。細かいものが見えず、字は 26 ポイントの大きさでないと見えないくらいでした。その頃以来、幼少時からやっていた野球もできなくなりました。中学校まで一般校に通ってはいましたが、黒板の字が全く見えず授業についていけませんでした。

　しかし、盲学校入学後、私の中で様々なことが変わっていきました。拡大教科書や文字を拡大できる拡大読書器が学校にあり、授業中に使えることに驚きました。一人一人に合った大きさの資料の提示や、見えにくかったりわからなかったりすることを人に聞きやすい環境は、私に意欲を与えてくれました。

　ゴールボールに出会い、見えなくてできなかった「体を思いっきり使って動かす」といったこともできるようになり、とても充実した日々を過ごしています。

　皆様に知ってほしいことは、「障害を気にしない」ということです。少し見えないだけ、歩きづらいだけ、うまく喋れないだけ。補助してくれる器具や誰かに少し手伝ってもらえれば、みんなと同じように生活できるのです。普段、道で出会った時は軽く「何かお手伝いしましょうか？」とお声をかけてくださると、私たちは嬉しいのです。

　学校などに、見学や体験に来られた際には、勉強の様子と人間関係や環境、どんな工夫をして「できない」を「できる」に変えているかを見てくれればと思います。

③ **視覚障害当事者の声**

　私は６歳の時に失明しました。それから 35 年あまり、全盲として生きてきました。現在は、盲学校の中学部の社会科教員として勤務しています。どのようにすれば、見えない・見えにくい生徒にとってわかりやすい授業になるか、日々思考錯誤しながら、忙しくも充実した毎日を過ごしています。

　教員としての仕事と平行して、私はブラインドサッカーのプレーヤーとしても活動しています。ブラインドサッカーとは、フットサルのルールを基本として、視覚障害者のために開発された、１チーム５名でプレーするスポーツです。教職を目指して大学院で学んでいた 2002（平成 14）年にブラインドサッカーと出会いました。それ以降、現在まで、日本代表として活動を続けてきました。教員の仕事とブラインドサッカーの活動の両立は、体力面においても、時間の面に

おいてもなかなか大変です。しかし、この二つの面を両立しているからこそ得られる喜びもたくさんあります。

　私の夢は、「世界一」になること。せっかく視覚障害者として生きているのだから、その中の世界一になりたい。ブラインドサッカーで世界の強豪と戦っていくなかで、私の中に芽生えてきた大きな夢です。私が夢に向かって、世界を舞台に戦っている姿を生徒が身近に感じ、生徒自身が大きな夢をもつきっかけになれば、教員としてとても幸せなことです。

　教員の仕事は大変なこともたくさんあります。しかし、生徒の成長を感じたとき、生徒が自分らしく輝いているとき、大変さよりも大きな喜びを感じることができます。みなさんも、子供たちの夢をはぐくみ、応援する、そんな教員を目指してみませんか？

（2）聴覚障害のある当事者の声
①　聴覚障害当事者の声

　挨拶や自己紹介の手話は最低限覚えてほしいです。苗字は指文字よりは手話を使った方が表現しやすい場合が多く、生徒にも伝わりやすいと思います。名前は指文字で表します。もちろん、体験生が指文字の方がやりやすければ指文字を使うとよいと思います。手や体の動きだけでなく、表情も使ってコミュニケーションをとることを意識してください。喜怒哀楽をハッキリと出すと伝わりやすいです（私自身、難聴で普段は口話ですが、ろう学校の友人と会って手話＋声なしで話した後は顔が筋肉痛になります）。　口の動きだけで相手に伝えようとすると、伝わるのに時間がかかったり、間違えて理解したまま話が進んでしまったりすることがあるため、できれば視覚情報も併せたコミュニケーションをおすすめします。生徒の聴力は様々です。全く聞こえないろうの生徒から、補聴器を装着すればそこそこ聞こえる難聴の生徒もいます。ついつい難聴の生徒と話しがちになるかもしれませんが、ろうの生徒とも話してみてください。聾学校におけるコミュニケーション手段は色々あるので、伝わらないということはないと思います。生徒の自己紹介をメモしたり、事前に職員に聞いておくとよいと思います。話のきっかけを作るためにも、生徒一人一人の特徴を覚えておくのは大事だと思います。初対面の人と接するのは聞こえる聞こえないに限らず慣れないイベントです。特に聞こえない人と接したことのある体験生はなかなかいないと思います。生徒も学校以外で聞こえる人と直接接する機会はあまりないので、お互い緊張します。緊張を取り除くにはお互い心をオープンにする必要があります。積極的にコミュニケーションをとるよう努力し、いつもの自分らしく振る舞い、相手を知ろうとする姿勢を大切にしてもらえたらと思います。

②　聴覚障害当事者の声

　私は5年前、ろう学校を卒業しました。ろう学校の生活は驚くほどあっという間でした。部活で休まずに練習したことや、今までサボってきた結果、受験で苦労したことなど、いろいろと懐かしい思い出がよみがえってきます。介護等体験での大学生との関わりも思い出します。イケメン！　かわいい！　頭良さそう！など一人一人異なった大学生がぞろりぞろりと廊下で歩いているのを見かけ、ワクワクします。どういう話をしようかな？　恋人いるのかな？　など質問が色々頭に浮かびます。

　大学生の皆さんはどんなろう生徒がいるのか、どのようにコミュニケーションを取ったらいいのかと不安をもっていると思いますが、それだとさらに生徒との関わり方がわからなくなると思います。つまり自分に自信をもって様々なコミュニケーションをしてみてください。手話ができなくても身振り、表情があれば会話ができます。「積極的に生徒と関わる」ことを意識すれば、自然に会話できるようになるはずです。きっと大丈夫ですよ！

　そして、これだけは忘れないでほしいのですが、皆さんは何の目的でろう学校を訪れるのか、理解したうえで学んできてほしいです。お気に入りの生徒がいたらその人とだけずっと話してしまう、挨拶せず大学生同士でおしゃべりしている…ろう生徒はあなたたち大学生を見ています。見られていることを意識して、大学生らしく、素敵な見本をろう学校の生徒に見せてあげてください。応援しています！

③　聴覚障害当事者の声

　私は生まれつき耳が聞こえず、高校までずっとろう学校に通っていました。声のみの聞き取りはほとんどできないため、筆談か手話が主なコミュニケーション手段です。今年の3月に大学を卒業し、4月から特別支援学校の教員として勤めています。　私が大きな壁にぶつかることなく、ここまで来られたのは、周囲の環境と多くの方々の支えがあり、十分な保障のおかげで必要な情報を得ることができたからです。

　私の通っていた大学は情報保障制度がしっかりしていたため、全ての授業にパソコンテイク（講義内容などの音情報をPCに打ち込んで文字で伝える支援）をつけることができました。座学だけでなく、学外での実習のときにも必要に応じてノートテイク（講義内容などの音情報をノートに書いて伝える支援）、手話通訳をつけていただくことが可能でした。また、大学内で有志の方々が昼休みなどの時間を活用して手話教室を開き、指文字で自己紹介するところから始め、日常で使う手話を学ぶ環境がありました。その環境があったから、私は大学で十分な情報を得ることが可能となり、必要な学びを受けることができました。そのおか

げで今は特別支援学校の教員として働けています。

　一口に聴覚障害者と言っても、聞こえ方は人それぞれでばらつきがあります。それぞれが求めていることも異なります。今は全く聴覚障害者の人たちのことを知らなくても、少しでも興味をもって、手話などのコミュニケーション手段について理解して、自己紹介だけでも手話で話していただくだけで、私たちの環境は格段によくなります。これからも学びを深め、私たちのような人がいることを知り、自分の世界を広げていただければ嬉しいです。

（3）吃音障害当事者の声

　「さあみんな、拍手」

　先生の声とともに、まばらな拍手が起こった。小学5年生の春、家庭科の宿題で作った野菜炒めについて一人ずつ発表したときのこと。どもるから、私の発表はなかなか進まない。それでも、やっとの思いで終えた後のことだった。

　私を励まそうとしてくれた先生は、もちろん悪くない。怒られるよりはずっといい。それでも、戸惑った先生の顔と、不自然さと義務感を伴った拍手は、小学生の私の胸にモヤモヤを広げるには十分だった。

　とはいえ、吃音の対応に関して、私は学校の先生に恵まれた。どもる私を嘲笑する男子をその場で厳しく注意してくれた先生。本読みでどもり、授業中に泣いた私のことを家庭訪問でフォローしてくれた先生。何よりも、ほとんどの先生は私が話すのを待ってくれた。

　吃音は、「緊張＝どもる」といった単純なものではなく、当人の捉え方も十人十色である。治らないことも多い。だからこそ、話す「内容」に耳を傾け、吃音とは分けて「行動」を見て、褒めて、叱ってもらうことが、子供の自己肯定感を育むのではないかと思う。まっすぐ向き合ってくれる大人がいたという記憶は、社会経験を一つ一つ積み上げ、どもりながら働く今の私に繋がっている。

（4）肢体不自由のある当事者の声

①　肢体不自由当事者の声

　私は2年前に特別支援学校を卒業して、現在は生活介護施設に通所しています。先天性筋強直性ジストロフィーを患っており、生まれたときは歩くことができないと医師に言われ車いすに乗って生活をしていました。特別支援学校に入学するまでの期間、入院してリハビリを行ったおかげで歩行ができるようになりました。特別支援学校では筋力を維持するために散歩をしたり、自立活動のプログラムを先生達が考えてくれたりすることで筋力が落ちることなく学校生活を過ごすことができました。

今、通っている施設にも介護等体験生が来られていますが、今は自分がやっているお仕事のやり方を覚えていただいて一緒に作業を行っています。作業の合間などには、いろいろとお話をして楽しんでいます。

　体験生さんたちとお話していて、筋ジストロフィーと病名を伝えるとびっくりされることもありました。筋ジストロフィーと聞くともっと重い障害をイメージされるのだと思います。この病気にも個人差がありますが、障害の多様さを知ってもらえるのはよいことだと思います。

　自分自身は激しい運動などができませんが、スポーツを見ることは好きなので、体験生とスポーツの話をしています。先日も体操選手の方が体験生として来られたので、体操を見せてと言ったら実演してくれました。見ているととても興奮していつの間にか「オオーッ！！」と大きな声を出していました。

　介護等体験は大変だと思いますが、私たちのことを理解してくれる人が増えていくことはとてもうれしいことですので頑張ってください。また、先生になられてからも介護等体験で得たものを伝えていってもらいたいと思います。

② **肢体不自由当事者の声**

　私は先天性ミオパチーという筋肉の病気のため、人工呼吸器を使用しています。自発呼吸はできるのですが、自分でずっと呼吸していると疲れるためサポートしてもらっているのです。だから、人工呼吸器をつけて毎日学校に通っています。

　一般的に、人工呼吸器を付けた人のイメージというと、話すことができない、とても重い病気なのだろう、ケアも大変で外出もできないのだろうと思われていることでしょう。しかし、私の場合は話すことができて、様々なところに外出もしています。特別支援学校の高等部で、高等学校の普通科と同じように勉強を頑張っています。

　私の将来の夢は、一人暮らしをしながら気象予報士かＰＣを使った仕事をすることです。一人暮らしではヘルパーさんにお世話になりながら自由な生活を送りたいです。ＰＣを使った仕事ではデータ入力などをしたいです。医療的ケアがあると働くところが限られてしまいますが、卒業するまであと一年あるので働ける場所を見つけたいと思います。

　今通っている特別支援学校は、医療的ケアを必要とする生徒が多数通っており、勉強やたくさんのイベントを経験することができる学校です。先生以外に養護教諭の方や看護師さんたちが大勢いらっしゃるのも特徴です。私が安心して学校に通えるのも、関わってくださる方たちのおかげだと思います。

③ **肢体不自由当事者の声**

　ぼくは学校にたくさんの体験生のお兄さんやお姉さんが来て一緒にお勉強をするのがとっても楽しいです。先生から「体験生は先生の卵なんだよ。先生になる

ためにみんなとお勉強をしに来ています」と教えてもらいました。学校に来るたくさんの体験生さんが先生になるってすごいなと思いました。

　朝、ぼくたちが教室に入るとお背中をピシッとしてすごくきんちょうした顔の人が立っていて、ぼくたちみんなは体験生さんだとすぐわかります。今日からこの人と一緒にすごすのかーとすごくワクワクします。どんな人か楽しみでお友達と目があうとくすくす笑ってしまうこともあります。先生にみつかるとおこられます。朝の会の自己紹介タイムではぼくたちも自己紹介をします。体験生さんをみんな〇〇先生と呼びます。ぼくが名前をかんでしまったときはみんなで大笑いです。体験生さんも笑ってくれて仲良くなります。授業がはじまるとぼくの先生は体験生さんの先生にもなります。「これをお願いします。あれをしてください」と言っている先生はちょっとかっこいいです。体験生さんもしんけんに聞いて紙にメモをしたり一生懸命お勉強をしているのを見て、ぼくもつられて授業を頑張ろうと思います。先生はぼくに「いつもどおり過ごしてください」と言うけど、体験生さんの前では少し頑張ってかっこつけてしまう日もあります。教室移動やトイレに行くときは、ぼくも「こうしてください」とお願いするとやさしく手伝ってくれるので、いつもはできるけどつい甘えちゃうときもあります。算数の授業で先生がこっちを見ていないときにこっそりとヒントをおしえてくれる人や、はじめからまたやってみようときびしめの人もいます。ぼくはお話が大好きなので休み時間やおいしい給食の時間にたくさんお話をしてもっと仲良くなるのがうれしいです。好きな音楽やテレビの話でもりあがります。お話がむずかしいぼくのお友達は、手をにぎって声をかけてもらうと、とってもうれしそうにしています。毎日学校は楽しいけど、体験生さんが来ているときはもっと楽しい一日になります。

　ぼくの学校の先生はきびしいときもあるけど、みんな明るくて楽しい先生たちです。ぼくたちみんなは先生たちが大好きです。きっと体験生さんたちも先生になったらみんな大好きになると思います。お父さんは、ぼくたちのことをお勉強してくれるのは「ありがたいことだよ」と言っていました。ぼくもそう思います。先生になるお勉強はすごくたいへんだと思います。ぼくも頑張ります。体験生のみなさんも頑張ってください！！

（5）病弱児・者の声
①　病弱児・者の声

　６年間、特別支援学校（病弱）で学びました（中学１年から高校３年生まで）。寄宿舎のある学校に入り、最初は親元を離れて生活するのが精神的に辛い時期もありましたが、病状の違いはあっても、他にも親元を離れ生活している仲間がそこにはいました。今思うとあの頃が愛おしく、戻りたいこともあるくらい、大切な宝物の日々でした。

　卒業後の進路先は、高校２年生のときから説明会に通った志望校、トラベルとホテルに関する専門学校に入学。１年制の夜間部でしたので、今までの特別支援学校（病弱）での生活から昼夜逆転してしまいましたが、薬の飲み忘れもなく過ごしました。大きな病気としては、肺炎を２回繰り返しましたが、その経験も自分にとって必要だったもの。今では、お客様と話す際のネタにしています。

　現在の生活では、小学３年生の時に発症した病気も、気付けば症状が良くなってきています。仕事が多忙なため、自己管理ができず、昨年は何度も会社を休むなど、迷惑をかけることがありました。そのとき思い出したのは、高校３年のとき、担任から言われた言葉です。「次の日に体調が響くなら、その前の日から体調管理をしっかりしなさい」。明日は休みだから夜更かししても大丈夫というわけではなく、その日も早く寝るなどして対策を取ることを肝に銘じて、日々早め早めの行動を心がけています。自分の身体とは死ぬまでずっと付き合っていくのだから、身体を癒すのも管理するのも自分であることを忘れずに仕事をしています。

　私は、先生と親と主治医との連携があったから、今の自分が生きていると思っています。当時はそう思えなくても、振り返ればどれだけ周りの人たちが助けてくれたことか。今、私はその恩返しをするために仕事をしています。先生は、いつでも頼りにできて、いつも近くで見守っていてくれている存在です。その安心感は、生徒自身にも、その親にも必要なものだと思います。一人一人感じ方も違うので大変なこともあるかと思いますが、自分を貫いてください。当時の私の周りにいた学校の先生、寄宿舎の先生、看護の先生方は自分を貫いていました。だからこそ大好きな先生方でした。

②　病弱児・者の声

　私の障害はてんかんです。そのてんかんを発症したのは、小学校２、３年生頃だったと記憶しています。通っていた小学校は通常の学校で、保健室で休息を取りながら６年間通いました。中学・高校と特別支援学校（病弱校）にも６年通いました。障害に対してどのように向き合えばよいか、何をすれば体によいかなど、様々な物事を特別支援学校で学ばせてもらいました。また、寄宿舎生活をすることで、バランスのよい食事の大切さや適度な運動の必要性、同じ時間帯に正しく

服薬することなど、多くの事柄を学ぶことができました。

　特別支援学校を卒業した私は、その後、大学の社会学部に進学しました。主に地域の疑問や問題を考えて解決する、あるいは改善することについて学び、学芸員の資格も取得しました。てんかんは、大学生活の中でも止むことはありませんでしたが、キャンパス内ではわずかに片手で数えるほどしか発作が起きることはありませんでした。発作を起こしにくくなった理由は、適度に緊張していたからだと考えています。

　現在、私は就職に向けて動いています。就職活動を行ったのですが、企業側はてんかんと聞いただけでいい顔をしません。面接がうまくいかず足踏み状態になってしまったため、進み方を変えました。就労移行支援事業所に通い、就職に必要な力を付けるために学ぶという動きに変更したのです。今は、ＰＣの訓練や事務訓練、郵便の仕分けなど様々な訓練を行っています。障害があるからといって諦めず、何か別の方法を柔軟に考えることが大切だと思います。

※　本章では、寄宿舎が併設されている特別支援学校（病弱）に通った方やその保護者の方の声をご紹介しましたが、全国的に見て、寄宿舎付きの特別支援学校（病弱）は少数です。特別支援学校（病弱）には必ず寄宿舎が併設されているというわけではありません。

（6）知的障害当事者の声〈知的障害特別支援学校の児童生徒の感想〉

　介護等体験の学生を迎えた特別支援学校（知的障害）で、中学部の教員が、生徒たちの感想を聞き取りました。

- （音楽の時間に）楽器を演奏してくれましたが、たたくのが上手ですごくてびっくりしました。きれいな音でした。
- （体育の時間に）サッカーが上手でびっくりしました。かっこよかったです。真似したいと思いました。もっと一緒にやりたかったです。
- 休み時間に一緒にオセロゲームをしました。一緒に遊んで、とても楽しかったです。
- また来てほしいです。文化祭を見に来てほしいです。
- 家庭科の授業で刺繍の作業をしているときに褒めてくれました。うれしかったです。

介護等体験証明書見本

証　明　書

住　所
氏　名
　年　　月　　日　生

上記の者は、下記のとおり本施設において、小学校及び中学校の教諭の普通免許状授与に係る教育職員免許法の特例等に関する法律第2条に規定する介護等の体験を行ったことを証明する。

記

期　　間	学校名又は施設名及び住所	体験の概要	学校又は施設の長の名及び印
年　月　日～ 年　月　日 （　　　日間）			
年　月　日～ 年　月　日 （　　　日間）			
年　月　日～ 年　月　日 （　　　日間）			
年　月　日～ 年　月　日 （　　　日間）			

備考　1「期間」の欄には、複数の期間にわたる場合には期間毎に記入すること。
　　　2「体験の概要」の欄には、「高齢者介護等」「知的障害者の介護等」等の区分を記入すること。

以上

小学校及び中学校の教諭の普通免許状授与に係る教育職員免許法の特例等に関する法律

平成九年法律第九十号

最終改正　平成二十七年六月二十四日公布（平成二十七年法律第四十六号）

（趣旨）
第一条
　この法律は、義務教育に従事する教員が個人の尊厳及び社会連帯の理念に関する認識を深めることの重要性にかんがみ、教員としての資質の向上を図り、義務教育の一層の充実を期する観点から、小学校又は中学校の教諭の普通免許状の授与を受けようとする者に、障害者、高齢者等に対する介護、介助、これらの者との交流等の体験を行わせる措置を講ずるため、小学校及び中学校の教諭の普通免許状の授与について教育職員免許法（昭和二十四年法律第百四十七号）の特例等を定めるものとする。

（教育職員免許法の特例）
第二条
　小学校及び中学校の教諭の普通免許状の授与についての教育職員免許法第五条第一項の規定の適用については、当分の間、同項中「修得した者」とあるのは、「修得した者（十八歳に達した後、七日を下らない範囲内において文部科学省令で定める期間、特別支援学校又は社会福祉施設その他の施設で文部科学大臣が厚生労働大臣と協議して定めるものにおいて、障害者、高齢者等に対する介護、介助、これらの者との交流等の体験を行った者に限る。）」とする。
　2　前項の規定により読み替えられた教育職員免許法第五条第一項の規定による体験（以下「介護等の体験」という。）に関し必要な事項は、文部科学省令で定める。
　3　介護等に関する専門的知識及び技術を有する者又は身体上の障害により介護等の体験を行うことが困難な者として文部科学省令で定めるものについての小学校及び中学校の教諭の普通免許状の授与については、第一項の規定は、適用しない。

（関係者の責務）
第三条
　国、地方公共団体及びその他の関係機関は、介護等の体験が適切に行われるようにするために必要な措置を講ずるよう努めるものとする。
　2　特別支援学校及び社会福祉施設その他の施設で文部科学大臣が厚生労働大臣と協議して定めるものの設置者は、介護等の体験に関し必要な協力を行うよう努めるものとする。
　3　大学及び文部科学大臣の指定する教員養成機関は、その学生又は生徒が介護等の体験を円滑に行うことができるよう適切な配慮をするものとする。

（教員の採用時における介護等の体験の勘案）
第四条
　小学校、中学校又は義務教育学校の教員を採用しようとする者は、その選考に当たっては、この法律の趣旨にのっとり、教員になろうとする者が行った介護等の体験を勘案するよう努めるものとする。

附　　則
　1　この法律は、平成十年四月一日から施行する。
　2　この法律の施行の日前に大学又は文部大臣の指定する教員養成機関に在学した者で、これらを卒業するまでに教育職員免許法別表第一に規定する小学校又は中学校の教諭の普通免許状に係る所要資格を得たものについては、第二条第一項の規定は、適用しない。
附　　則　（平成一一年一二月二二日法律第一六〇号）　抄
（施行期日）
第一条　この法律（第二条及び第三条を除く。）は、平成十三年一月六日から施行する。ただし、次の各号に掲げる規定は、当該各号に定める日から施行する。
　一　第九百九十五条（核原料物質、核燃料物質及び原子炉の規制に関する法律の一部を改正する法律附則の改正規定に係る部分に限る。）、第千三百五条、第千三百六条、第千三百二十四条第二項、第千三百二十六条第二項及び第千三百四十四条の規定　公布の日
附　　則　（平成一八年六月二一日法律第八〇号）　抄
（施行期日）
第一条　この法律は、平成十九年四月一日から施行する。
附　　則　（平成二七年六月二四日法律第四六号）　抄
（施行期日）
第一条　この法律は、平成二十八年四月一日から施行する。

小学校及び中学校の教諭の普通免許状授与に係る教育職員免許法の特例等に関する法律施行規則

平成九年文部省令第四十号

最終改正　平成二十九年三月三一日文部科学省令第一九号

　小学校及び中学校の教諭の普通免許状授与に係る教育職員免許法の特例等に関する法律（平成九年法律第九十号）第二条第一項、第二項及び第三項の規定に基づき、小学校及び中学校の教諭の普通免許状授与に係る教育職員免許法の特例等に関する法律施行規則を次のように定める。

（介護等の体験の期間）
第一条　小学校及び中学校の教諭の普通免許状授与に係る教育職員免許法の特例等に関する法律（以下「特例法」という。）第二条第一項の文部科学省令で定める期間は、七日間とする。

（介護等の体験を行う施設）
第二条　特例法第二条第一項の文部科学大臣が定める施設は、次のとおりとする。
　一　児童福祉法（昭和二十二年法律第百六十四号）に規定する乳児院、母子生活支援施設、児童養護施設、障害児入所施設、児童発達支援センター、児童心理治療施設及び児童自立支援施設
　二　削除
　三　削除
　四　生活保護法（昭和二十五年法律第百四十四号）に規定する救護施設、更生施設及び授産施設
　五　社会福祉法（昭和二十六年法律第四十五号）に規定する授産施設
　六　削除
　七　老人福祉法（昭和三十八年法律第百三十三号）に規定する老人デイサービスセンター、老人短期入所施設、養護老人ホーム及び特別養護老人ホーム
　八　介護保険法（平成九年法律第百二十三号）に規定する介護老人保健施設
　九　独立行政法人国立重度知的障害者総合施設のぞみの園法（平成十四年法律第百六十七号）第十一条第一号の規定により独立行政法人国立重度知的障害者総合施設のぞみの園が設置する施設
　九の二　障害者の日常生活及び社会生活を総合的に支援するための法律（平成十七年法律第百二十三号）に規定する障害者支援施設及び地域活動支援センター
　十　前各号に掲げる施設に準ずる施設として文部科学大臣が認める施設

（介護等の体験を免除する者）
第三条　特例法第二条第三項に規定する介護等に関する専門的知識及び技術を有する者として文部科学省令で定めるものは次の各号の一に該当する者とする。
　一　保健師助産師看護師法（昭和二十三年法律第二百三号）第七条の規定により保健師の免許を受けている者
　二　保健師助産師看護師法第七条の規定により助産師の免許を受けている者
　三　保健師助産師看護師法第七条の規定により看護師の免許を受けている者
　四　保健師助産師看護師法第八条の規定により准看護師の免許を受けている者
　五　教育職員免許法（昭和二十四年法律第百四十七号）第五条第一項の規定により特別支援学校の教員の免許を受けている者
　六　理学療法士及び作業療法士法（昭和四十年法律第百三十七号）第三条の規定により理学療法士の免許を受けている者
　七　理学療法士及び作業療法士法第三条の規定により作業療法士の免許を受けている者
　八　社会福祉士及び介護福祉士法（昭和六十二年法律第三十号）第四条の規定により社会福祉士の資格を有する者
　九　社会福祉士及び介護福祉士法第三十九条の規定により介護福祉士の資格を有する者
　十　義肢装具士法（昭和六十二年法律第六十一号）第三条の規定により義肢装具士の免許を受けている者
　2　特例法第二条第三項に規定する身体上の障害により介護等の体験を行うことが困難な者として文部科学省令で定めるものは、身体障害者福祉法第四条に規定する身体障害者のうち、同法第十五条第四項の規定により交付を受けた身体障害者手帳に、障害の程度が一級から六級である者として記載されている者とする。

（介護等の体験に関する証明書）
第四条　小学校又は中学校の教諭の普通免許状の授与を受けようとする者は、教育職員免許法第五条の二第一項に規定による免許状の授与の申出を行うに当たって、同項に規定する書類のほか、介護等の体験を行った学校又は施設の長が発行する介護等の体験に関する証明書を提出するものとする。
　2　学校又は施設の長は、小学校又は中学校の普通免許状の授与を受けようとする者から請求があったときは、その者の介護等の体験に関する証明書を発行しなければならない。
　3　証明書の様式は、別記様式のとおりとする。

　附　則
　　この省令は、平成十年四月一日から施行する。
　附　則　（平成一一年三月二三日文部省令第五号）
　　この省令は、平成十一年四月一日から施行する。
　附　則　（平成一二年六月三〇日文部省令第四八号）
　　この省令は、公布の日から施行し、社会福祉の増進のための社会福祉事業法等の一部を改正する等の法律の施行の日（平成十二年六月七日）から適用する。
　附　則　（平成一二年一〇月三一日文部省令第五三号）　抄
（施行期日）
第一条　この省令は、内閣法の一部を改正する法律（平成十一年法律第八十八号）の施行の日（平成十三年一月六日）から施行する。
　附　則　（平成一四年三月一日文部科学省令第三号）
　　この省令は、保健婦助産婦看護婦法の一部を改正する法律の施行の日（平成十四年三月一日）から施行する。
　附　則　（平成一六年三月三一日文部科学省令第一九号）
　　この省令は、公布の日から施行し、第二条第六号の改正規定は、社会福祉の増進のための社会福祉事業法等の一部を改正する等の法律第六条の規定の施行の日から、同条第八号の改正規定は、独立行政法人国立重度知的障害者総合福祉施設のぞみの園の設立の日から、同条第九号の改正規定は、介護保険法の施行の日から適用する。
　附　則　（平成一八年九月二五日文部科学省令第三六号）
　1　この省令は、平成十八年十月一日から施行する。
　2　この省令の施行の日から障害者自立支援法（平成十七年法律第百二十三号）附則第一条第三号に掲げる規定の施行の日の前日までの間は、改正後の第二条第九号の二中「及び地域活動支援センター」とあるのは、「、地域活動支援センター並びに同法附則第四十一条第一項、同法附則第四十八条又は同法附則第五十八条第一項の規定によりなお従前の例により運営をすることができることとされた同法附則第四十一条第一項に規定する身体障害者更生援護施設、同法附則第四十八条に規定する精神障害者社会復帰施設（同法附則第四十六条の規定による改正前の精神保健及び精神障害者の福祉に関する法律（昭和二十五年法律第百二十三号）に規定する精神障害者生活訓練施設、精神障害者授産施設及び精神障害者福祉工場に限る。）及び同法附則第五十八条第一項に規定する知的障害者援護施設（同法附則第五十二条の規定による改正前の知的障害者福祉法（昭和三十五年法律第三十七号）に規定する知的障害者更生施設及び知的障害者授産施設に限る。）」とする。
　附　則　（平成一九年三月三〇日文部科学省令第五号）　抄
（施行期日）
第一条　この省令は、学校教育法等の一部を改正する法律（以下「改正法」という。）の施行の日（平成十九年四月一日）から施行する。
（免許特例法施行規則の一部改正に伴う経過措置）
第四条　施行日前に旧盲学校等において小学校及び中学校の教諭の普通免許状授与に係る教育職員免許法の特例等に関する法律（平成九年法律第九十号）第二条第二項に規定する介護等の体験を行った者に対するこの省令第二十二条の規定による改正後の免許特例法施行規則第一条の適用については、同条に規定する期間には、当該者が旧盲学校等において行った介護等の体験の期間を通算するものとする。
　2　前項の場合において、旧盲学校等における介護等の体験に関するこの省令第二十二条の規定による改正後の免許特例法施行規則第四条に規定する証明書は、改正法附則第二条第一項の規定により当該旧盲学校等がなるものとされた特別支援学校の校長が発行するものとする。
　附　則　（平成二九年三月三一日文部科学省令第一九号）
　　この省令は、公布の日から施行し、第二条第一号の改正規定中「、知的障害児施設、知的障害児通園施設、盲ろうあ児施設、肢体不自由児施設、重症心身障害児施設」を「、障害児入所施設、児童発達支援センター」に改める部分は平成二十四年四月一日から、同条第九号の二の改正規定は平成二十五年四月一日から適用する。ただし、第二条第一号の改正規定中「、情緒障害児短期治療施設」を「、児童心理治療施設」に改める部分は、平成二十九年四月一日から施行する。

小学校及び中学校の教諭の普通免許状授与に係る教育職員免許法の特例等に関する法律等の施行について（通達）

文教教第二三〇号
平成九年一一月二六日

各都道府県知事、各都道府県・指定都市教育委員会、
各国公私立大学長、各国立短期大学部学長、
各指定教員養成機関の長、国立久里浜養護学校長
国立特殊教育総合研究所長　　殿

文部事務次官
佐藤禎一

一　制定趣旨等　省略
二　内容　省略
三　留意事項
　（一）　介護等の体験の内容等について
①　法第二条第一項にいう「障害者、高齢者等に対する介護、介助、これらの者との交流等の体験（介護等の体験）」とは、介護、介助のほか、障害者等の話相手、散歩の付添いなどの交流等の体験、あるいは掃除や洗濯といった、障害者等と直接接するわけではないが、受入施設の職員に必要とされる業務の補助など、介護等の体験を行う者の知識・技能の程度、受入施設の種類、業務の内容、業務の状況等に応じ、幅広い体験が想定されること。

　　　また、特殊教育諸学校において行われた教育実習や、受入施設において行われた他の資格取得に際しての介護実習等は、介護等の体験として、介護等の体験の期間に算入し得ること。
②　一日当たりの介護等の体験の時間としては、受入施設の職員の通常の業務量、介護等の体験の内容等を総合的に勘案しつつ、適切な時間を確保するものとすること。
③　介護等の体験の期間については、七日間を超えて介護等の体験を行っても差し支えないこと。また、七日間の内訳については、社会福祉施設等五日間、特殊教育諸学校二日間とすることが望ましいこと。

　　　期間の計算については、受入施設においてそれぞれ連続して介護等の体験を行う場合のほか、免許状取得までの数年間を通じ、長期休業期間中や土曜日・日曜日などに数度に渡って、異なる二以上の受入施設において一日単位で介護等の体験を行うことなども想定されること。
④　告示第一号から第四号に規定する各施設は、主に左表別添通知の欄に掲げる通知に記された施設であることから、当該通知を参考にされたいこと。
⑤　法第二条第三項の規定により介護等の体験を要しないこととされた者についても、介護等の体験を行いたい旨の希望があれば、本人の身体の状況、受入施設の状況等を総合的に勘案しつつ、可能な限りその意思を尊重することが望ましいこと。
　（二）　受入の調整等について
①　介護等の体験を行う学生の円滑な受入の確保については、とりわけ社会福祉協議会、社会福祉施設、都道府県教育委員会・社会福祉施設担当部局、指定都市教育委員会、特殊教育諸学校等の関係者に格段の協力を願いたいこと。

　　　なお、そのための連絡協議の体制整備を文部省において検討中であるが、当面、必要に応じ、関係者の情報交換の機会の設定等を都道府県教育委員会にお願いしたいこと。
②　学生の受入のための調整窓口に関しては、各都道府県ごとに、社会福祉施設等については各都道府県社会福祉協議会、都道府県立・指定都市立特殊教育諸学校については各都道府県・指定都市教育委員会に協力を願いたいこと。
③　大学等においては、受入施設における介護等の体験を希望する学生の円滑な受入を促進するため、介護等の体験を希望する者の名簿の取りまとめ、大学等の所在地の社会福祉協議会や都道府県教育委員会等への一括受入依頼等について格段の協力を願いたいこと。その際、学生の介護等体験の時期について、最終学年等特定の時期に偏らないようにするなどの可能な調整を願いたいこと。
④　首都圏、近畿圏等に所在する大学等については、近隣の受入施設に不足が生じることが予想されることから、とりわけ介護等の体験を希望する学生のうちこれらの地域以外に帰省先を有する者等については、可能な限り、長期休業期間を活用するなどして帰省先等での介護等の体験を実施促進に協力願いたいこと。この場合における、受入に関する相談は、当該帰省先等の都道府県社会福祉協議会及び都道府県教育委員会等に協力願いたいこと。
⑤　大学等においては、介護等の体験に必要な事前指導の実施に格段の協力を願いたいこと。なお、文部省において、事前指導のための参考資料の作成等を予定していること。
⑥　介護等体験希望者の受入に伴い、社会福祉施設における介護等の体験については、必要な経費の徴収等が行われることが予定されていること。なお、その他の施設等においても必要な経費の徴収等が行われる場合があること。

　　　これらのことについて、大学等は、混乱の生じること等がないよう、介護等の体験を希望する学生に周知されたいこと。
　（三）　施行期日その他について
①　この制度は、主として平成一〇年四月の大学等の新入学生から適用されるものであるが、平成一〇年三月三一日以前に大学等に在学した者であっても、卒業までの間に小学校又は中学校教諭の専修、一種若しくは二種のいずれかの免許状取得のための所要資格を得なかった者については、平成一〇年四月以降新たにこれら免許状を取得しようとする場合、介護等の体験を行うことが必要となること。

　　　このため、例えば、平成一〇年三月に大学を卒業したが卒業までに上記いずれの免許状取得のための所要資格をも得ておらず、平成一〇年四月以降大学に聴講生等として在学し免許状取得のための単位修得をするような場合については、介護等の体験を行うことが必要となること。
②　介護等の体験に伴い想定される事故等に対応した保険について、文部省において関係機関と調整中であること。その詳細については別途周知する予定であること。

障害者の権利に関する条約（抄）

平成 18 年 12 月 13 日　第 61 回国際連合総会で採択
平成 26 年 1 月 20 日　我が国が批准

第一条　目的

　この条約は、すべての障害者によるあらゆる人権及び基本的自由の完全かつ平等な享有を促進し、保護し、及び確保すること並びに障害者の固有の尊厳の尊重を促進することを目的とする。

　障害者には、長期的な身体的、精神的、知的又は感覚的な障害を有する者であって、様々な障壁との相互作用により他の者と平等に社会に完全かつ効果的に参加することを妨げられることのあるものを含む。

第二十四条　教育

1　締約国は、教育についての障害者の権利を認める。締約国は、この権利を差別なしに、かつ、機会の均等を基礎として実現するため、次のことを目的とするあらゆる段階における障害者を包容する教育制度及び生涯学習を確保する。

　(a) 人間の潜在能力並びに尊厳及び自己の価値についての意識を十分に発達させ、並びに人権、基本的自由及び人間の多様性の尊重を強化すること。

　(b) 障害者が、その人格、才能及び創造力並びに精神的及び身体的な能力をその可能な最大限度まで発達させること。

　(c) 障害者が自由な社会に効果的に参加することを可能とすること。

2　締約国は、1の権利の実現に当たり、次のことを確保する。

　(a) 障害者が障害を理由として教育制度一般から排除されないこと及び障害のある児童が障害を理由として無償のかつ義務的な初等教育から又は中等教育から排除されないこと。

　(b) 障害者が、他の者と平等に、自己の生活する地域社会において、包容され、質が高く、かつ、無償の初等教育の機会及び中等教育の機会を与えられること。

　(c) 個人に必要とされる合理的配慮が提供されること。

　(d) 障害者が、その効果的な教育を容易にするために必要な支援を教育制度一般の下で受けること。

　(e) 学問的及び社会的な発達を最大にする環境において、完全な包容という目標に合致する効果的で個別化された支援措置がとられることを確保すること。

3　締約国は、障害者が地域社会の構成員として教育に完全かつ平等に参加することを容易にするため、障害者が生活する上での技能及び社会的な発達のための技能を習得することを可能とする。このため、締約国は、次のことを含む適当な措置をとる。

　(a) 点字、代替的な文字、意思疎通の補助的及び代替的な形態、手段及び様式並びに適応及び移動のための技能の習得並びに障害者相互による支援及び助言を容易にすること。

　(b) 手話の習得及び聴覚障害者の社会の言語的な同一性の促進を容易にすること。

　(c) 視覚障害若しくは聴覚障害又はこれらの重複障害のある者（特に児童）の教育が、その個人にとって最も適当な言語並びに意思疎通の形態及び手段で、かつ、学問的及び社会的な発達を最大にする環境において行われることを確保すること。

4　締約国は、1の権利の実現の確保を助長することを目的として、手話又は点字について能力を有する教員（障害のある教員を含む。）を雇用し、並びに教育のすべての段階に従事する専門家及び職員に対する研修を行うための適当な措置をとる。この研修には、障害についての意識の向上を組み入れ、また、適当な意思疎通の補助的及び代替的な形態、手段及び様式の使用並びに障害者を支援するための教育技法及び教材の使用を組み入れるものとする。

5　締約国は、障害者が、差別なしに、かつ、他の者と平等に高等教育一般、職業訓練、成人教育及び生涯学習の機会を与えられることを確保する。このため、締約国は、合理的配慮が障害者に提供されることを確保する。

障害を理由とする差別の解消の推進に関する法律（抄）

平成二十五年法律第六十五号
内閣府

（目的）

第一条　この法律は、障害者基本法（昭和四十五年法律第八十四号）の基本的な理念にのっとり、全ての障害者が、障害者でない者と等しく、基本的人権を享有する個人としてその尊厳が重んぜられ、その尊厳にふさわしい生活を保障される権利を有することを踏まえ、障害を理由とする差別の解消の推進に関する基本的な事項、行政機関等及び事業者における障害を理由とする差別を解消するための措置等を定めることにより、障害を理由とする差別の解消を推進し、もって全ての国民が、障害の有無によって分け隔てられることなく、相互に人格と個性を尊重し合いながら共生する社会の実現に資することを目的とする。

（国及び地方公共団体の責務）

第三条　国及び地方公共団体は、この法律の趣旨にのっとり、障害を理由とする差別の解消の推進に関して必要な施策を策定し、及びこれを実施しなければならない。

（国民の責務）

第四条　国民は、第一条に規定する社会を実現する上で障害を理由とする差別の解消が重要であることに鑑み、障害を理由とする差別の解消の推進に寄与するよう努めなければならない。

（社会的障壁の除去の実施についての必要かつ合理的な配慮に関する環境の整備）

第五条　行政機関等及び事業者は、社会的障壁の除去の実施についての必要かつ合理的な配慮を的確に行うため、自ら設置する施設の構造の改善及び設備の整備、関係職員に対する研修その他の必要な環境の整備に努めなければならない。

（行政機関等における障害を理由とする差別の禁止）

第七条　行政機関等は、その事務又は事業を行うに当たり、障害を理由として障害者でない者と不当な差別的取扱いをすることにより、障害者の権利利益を侵害してはならない。

　　2　行政機関等は、その事務又は事業を行うに当たり、障害者から現に社会的障壁の除去を必要としている旨の意思の表明があった場合において、その実施に伴う負担が過重でないときは、障害者の権利利益を侵害することとならないよう、当該障害者の性別、年齢及び障害の状態に応じて、社会的障壁の除去の実施について必要かつ合理的な配慮をしなければならない。

（事業者における障害を理由とする差別の禁止）

第八条　事業者は、その事業を行うに当たり、障害を理由として障害者でない者と不当な差別的取扱いをすることにより、障害者の権利利益を侵害してはならない。

　　2　事業者は、その事業を行うに当たり、障害者から現に社会的障壁の除去を必要としている旨の意思の表明があった場合において、その実施に伴う負担が過重でないときは、障害者の権利利益を侵害することとならないよう、当該障害者の性別、年齢及び障害の状態に応じて、社会的障壁の除去の実施について必要かつ合理的な配慮をするように努めなければならない。

（相談及び紛争の防止等のための体制の整備）

第十四条　国及び地方公共団体は、障害者及びその家族その他の関係者からの障害を理由とする差別に関する相談に的確に応ずるとともに、障害を理由とする差別に関する紛争の防止又は解決を図ることができるよう必要な体制の整備を図るものとする。

（障害者差別解消支援地域協議会）

第十七条　国及び地方公共団体の機関であって、医療、介護、教育その他の障害者の自立と社会参加に関連する分野の事務に従事するもの（以下この項及び次条第二項において「関係機関」という。）は、当該地方公共団体の区域において関係機関が行う障害を理由とする差別に関する相談及び当該相談に係る事例を踏まえた障害を理由とする差別を解消するための取組を効果的かつ円滑に行うため、関係機関により構成される障害者差別解消支援地域協議会（以下「協議会」という。）を組織することができる。

第六章　罰則

第二十五条　第十九条の規定に違反した者は、一年以下の懲役又は五十万円以下の罰金に処する。

第二十六条　第十二条の規定による報告をせず、又は虚偽の報告をした者は、二十万円以下の過料に処する。

附則

（施行期日）

第一条　この法律は、平成二十八年四月一日から施行する。ただし、次条から附則第六条までの規定は、公布の日から施行する。

障害者基本法（抄）

最終改正：平成二十五年六月二十六日法律第六十五号

（目的）
第一条

　この法律は、全ての国民が、障害の有無にかかわらず、等しく基本的人権を享有するかけがえのない個人として尊重されるものであるとの理念にのっとり、全ての国民が、障害の有無によって分け隔てられることなく、相互に人格と個性を尊重し合いながら共生する社会を実現するため、障害者の自立及び社会参加の支援等のための施策に関し、基本原則を定め、及び国、地方公共団体等の責務を明らかにするとともに、障害者の自立及び社会参加の支援等のための施策の基本となる事項を定めること等により、障害者の自立及び社会参加の支援等のための施策を総合的かつ計画的に推進することを目的とする。

（定義）
第二条

　この法律において、次の各号に掲げる用語の意義は、それぞれ当該各号に定めるところによる。
一
　　障害者　身体障害、知的障害、精神障害（発達障害を含む。）その他の心身の機能の障害（以下「障害」と総称する。）がある者であって、障害及び社会的障壁により継続的に日常生活又は社会生活に相当な制限を受ける状態にあるものをいう。
二
　　社会的障壁　障害がある者にとって日常生活又は社会生活を営む上で障壁となるような社会における事物、制度、慣行、観念その他一切のものをいう。

（地域社会における共生等）
第三条

　第一条に規定する社会の実現は、全ての障害者が、障害者でない者と等しく、基本的人権を享有する個人としてその尊厳が重んぜられ、その尊厳にふさわしい生活を保障される権利を有することを前提としつつ、次に掲げる事項を旨として図られなければならない。
一
　　全て障害者は、社会を構成する一員として社会、経済、文化その他あらゆる分野の活動に参加する機会が確保されること。
二
　　全て障害者は、可能な限り、どこで誰と生活するかについての選択の機会が確保され、地域社会において他の人々と共生することを妨げられないこと。
三
　　全て障害者は、可能な限り、言語（手話を含む。）その他の意思疎通のための手段についての選択の機会が確保されるとともに、情報の取得又は利用のための手段についての選択の機会の拡大が図られること。

（差別の禁止）
第四条

　何人も、障害者に対して、障害を理由として、差別することその他の権利利益を侵害する行為をしてはならない。
2
　　社会的障壁の除去は、それを必要としている障害者が現に存し、かつ、その実施に伴う負担が過重でないときは、それを怠ることによって前項の規定に違反することとならないよう、その実施について必要かつ合理的な配慮がされなければならない。
3
　　国は、第一項の規定に違反する行為の防止に関する啓発及び知識の普及を図るため、当該行為の防止を図るために必要となる情報の収集、整理及び提供を行うものとする。

（教育）
第十六条

　国及び地方公共団体は、障害者が、その年齢及び能力に応じ、かつ、その特性を踏まえた十分な教育が受けられるようにするため、可能な限り障害者である児童及び生徒が障害者でない児童及び生徒と共に教育を受けられるよう配慮しつつ、教育の内容及び方法の改善及び充実を図る等必要な施策を講じなければならない。
2
　　国及び地方公共団体は、前項の目的を達成するため、障害者である児童及び生徒並びにその保護者に対し十分な情報の提供を行うとともに、可能な限りその意向を尊重しなければならない。

3

　国及び地方公共団体は、障害者である児童及び生徒と障害者でない児童及び生徒との交流及び共同学習を積極的に進めることによって、その相互理解を促進しなければならない。
4

　国及び地方公共団体は、障害者の教育に関し、調査及び研究並びに人材の確保及び資質の向上、適切な教材等の提供、学校施設の整備その他の環境の整備を促進しなければならない。

（公共的施設のバリアフリー化）
第二十一条
　国及び地方公共団体は、障害者の利用の便宜を図ることによって障害者の自立及び社会参加を支援するため、自ら設置する官公庁施設、交通施設（車両、船舶、航空機等の移動施設を含む。次項において同じ。）その他の公共的施設について、障害者が円滑に利用できるような施設の構造及び設備の整備等の計画的推進を図らなければならない。
2

　交通施設その他の公共的施設を設置する事業者は、障害者の利用の便宜を図ることによって障害者の自立及び社会参加を支援するため、当該公共的施設について、障害者が円滑に利用できるような施設の構造及び設備の整備等の計画的推進に努めなければならない。
3

　国及び地方公共団体は、前二項の規定により行われる公共的施設の構造及び設備の整備等が総合的かつ計画的に推進されるようにするため、必要な施策を講じなければならない。
4

　国、地方公共団体及び公共的施設を設置する事業者は、自ら設置する公共的施設を利用する障害者の補助を行う身体障害者補助犬の同伴について障害者の利用の便宜を図らなければならない。

（情報の利用におけるバリアフリー化等）
第二十二条
　国及び地方公共団体は、障害者が円滑に情報を取得し及び利用し、その意思を表示し、並びに他人との意思疎通を図ることができるようにするため、障害者が利用しやすい電子計算機及びその関連装置その他情報通信機器の普及、電気通信及び放送の役務の利用に関する障害者の利便の増進、障害者に対して情報を提供する施設の整備、障害者の意思疎通を仲介する者の養成及び派遣等が図られるよう必要な施策を講じなければならない。
2

　国及び地方公共団体は、災害その他非常の事態の場合に障害者に対しその安全を確保するため必要な情報が迅速かつ的確に伝えられるよう必要な施策を講ずるものとするほか、行政の情報化及び公共分野における情報通信技術の活用の推進に当たっては、障害者の利用の便宜が図られるよう特に配慮しなければならない。
3

　電気通信及び放送その他の情報の提供に係る役務の提供並びに電子計算機及びその関連装置その他情報通信機器の製造等を行う事業者は、当該役務の提供又は当該機器の製造等に当たっては、障害者の利用の便宜を図るよう努めなければならない。

第三十一条
　国及び地方公共団体は、障害の原因となる傷病及びその予防に関する調査及び研究を促進しなければならない。
2

　国及び地方公共団体は、障害の原因となる傷病の予防のため、必要な知識の普及、母子保健等の保健対策の強化、当該傷病の早期発見及び早期治療の推進その他必要な施策を講じなければならない。
3

　国及び地方公共団体は、障害の原因となる難病等の予防及び治療が困難であることに鑑み、障害の原因となる難病等の調査及び研究を推進するとともに、難病等に係る障害者に対する施策をきめ細かく推進するよう努めなければならない。

障害者基本計画（第４次）（抄）

Ⅲ 各分野における障害者施策の基本的な方向

9．教育の振興
【基本的考え方】

　障害の有無によって分け隔てられることなく、国民が相互に人格と個性を尊重し合う共生社会の実現に向け、可能な限り共に教育を受けることのできる仕組みの整備を進めるとともに、いわゆる「社会モデル」を踏まえつつ、障害に対する理解を深めるための取組を推進する。また、高等教育における障害学生に対する支援を推進するため、合理的配慮の提供等の一層の充実を図るとともに、障害学生に対する適切な支援を行うことができるよう環境の整備に努める。さらに、障害者が、学校卒業後も含めたその一生を通じて、自らの可能性を追求できる環境を整え、地域の一員として豊かな人生を送ることができるよう、生涯を通じて教育やスポーツ、文化等の様々な機会に親しむための関係施策を横断的かつ総合的に推進するとともに、共生社会の実現を目指す。

（1）インクルーシブ教育システム[47]の推進

○ 障害のある幼児児童生徒の自立と社会参加に向けた主体的な取組を支援するという視点に立ち、基礎的環境の整備を進めつつ、個別の指導計画や個別の教育支援計画の活用を通じて、幼稚園、小・中学校、高等学校、特別支援学校等（以下「全ての学校」という。）に在籍する障害のある幼児児童生徒が合理的配慮の提供を受けながら、適切な指導や必要な支援を受けられるようにする。こうした取組を通じて、障害のある幼児児童生徒に提供される配慮や学びの場の選択肢を増やし、障害の有無にかかわらず可能な限り共に教育を受けられるように条件整備を進めるとともに、個々の幼児児童生徒の教育的ニーズに最も的確に応える指導を受けることのできる、インクルーシブ教育システム（包容する教育制度）の整備を推進する。［9-（1）-1］

○ あわせて、「いじめの防止等のための基本的な方針」を踏まえ、障害のある児童生徒が関わるいじめの防止や早期発見等のための適切な措置を講ずるとともに、いわゆる「社会モデル」を踏まえ、学校の教育活動全体を通じた障害に対する理解や交流及び共同学習の一層の推進を図り、偏見や差別を乗り越え、障害の有無等にかかわらず互いを尊重し合いながら協働する社会を目指す。［9-（1）-2］

○ 障害のある児童生徒の就学先決定に当たっては、本人・保護者に対する十分な情報提供の下、本人・保護者の意見を最大限尊重しつつ、本人・保護者と市町村教育委員会、学校等が、教育的ニーズと必要な支援について合意形成を行うことを原則とするとともに、発達の程度や適応の状況等に応じて、柔軟に「学びの場」を変更できることについて、引き続き、関係者への周知を行う。［9-（1）-3］

○ 校長のリーダーシップの下、特別支援教育コーディネーターを中心とした校内支援体制を構築するとともに、スクールカウンセラー、スクールソーシャルワーカー、看護師、言語聴覚士、作業療法士、理学療法士等の専門家及び特別支援教育支援員の活用を図ることで、学校が組織として、障害のある幼児児童生徒の多様なニーズに応じた支援を提供できるよう促す。［9-（1）-4］

○ 各学校における障害のある幼児児童生徒に対する合理的配慮の提供に当たっては、情報保障やコミュニケーションの方法について配慮するとともに、幼児児童生徒一人一人の障害の状態や教育的ニーズ等を把握し、それに応じて設置者・学校と本人・保護者間で可能な限り合意形成を図った上で決定・提供されることが望ましいことを引き続き周知する。［9-（1）-5］

○ 医療的ケアを必要とする幼児児童生徒や長期入院を余儀なくされている幼児児童生徒が教育を受けたり、他の幼児児童生徒と共に学んだりする機会を確保するため、医療的ケアのための看護師の配置やこれらの幼児児童生徒への支援体制の整備に向けた調査研究等の施策の充実に努める。［9-（1）-6］

○ 障害のある生徒の後期中等教育への就学を促進するため、入学試験の実施に際して、ＩＣＴの活用など、個別のニーズに応じた配慮の充実を図る。［9-（1）-7］

○ 平成 29（2017）年 3 月の公立義務教育諸学校の学級編制及び教職員定数の標準に関する法律（昭和 33 年法律第 116 号）の改正により、小・中学校における通級による指導を担当する教師に係る定数が基礎定数化されたことや、高等学校においても通級による指導が行えるようになったことを踏まえ、通級による指導がより一層普及するよう努める。［9-（1）-8］

○ 障害のある児童生徒が様々な支援を利用しつつ、自立と社会参加を促進できるよう、福祉、労働等との連携の下、障害のある児童生徒のキャリア教育や就労支援の充実を図る。［9-（1）-9］

○ 早期のうちに障害に気付き、適切な支援につなげるため、医療、保健、福祉等との連携の下、乳幼児に対する健康診査や就学時の健康診断の結果、入学後の児童生徒の状態等を踏まえ、本人や保護者に対する早期からの教育相談・支援体制の充実を図る。［9-（1）-10］

○ 障害者が就学前から卒業後まで切れ目ない指導・支援を受けられるよう、幼児児童生徒の成長記録や指導内容等に関する情報を、情報の取扱いに留意しながら、必要に応じて関係機関間で共有・活用するため、保護者の参画を得つつ、医療、保健、福祉、労働等との連携の下、個別の指導計画や個別の教育支援計画の策定・活用を促進する。［9-（1）-11］

（2）教育環境の整備
○ 障害により特別な支援を必要とする幼児児童生徒は、全ての学校、全ての学級に在籍することを前提に、全ての学校における特別支援教育の体制の整備を促すとともに、最新の知見も踏まえながら、管理職を含む全ての教職員が障害に対する理解や特別支援教育に係る専門性を深める取組を推進する。［9-（2）-1］
○ 幼稚園、小・中学校、高等学校等における特別支援教育の体制整備や地域における障害のある幼児児童生徒の支援強化に資するよう、特別支援学校の地域における特別支援教育のセンターとしての機能を充実する。［9-（2）-2］
○ 幼稚園、小・中学校、高等学校等に在籍する障害のある幼児児童生徒の支援における特別支援教育支援員の役割の重要性に鑑み、各地方公共団体における特別支援教育支援員の配置の促進を図る。［9-（2）-3］
○ 障害のある児童生徒の教育機会の確保や自立と社会参加の推進に当たってのコミュニケーションの重要性に鑑み、デジタル教科書等の円滑な制作・供給やコミュニケーションに関するICTの活用も含め、障害のある児童生徒一人一人の教育的ニーズに応じた教科書、教材、支援機器等の活用を促進する。［9-（2）-4］
○ 学校施設のバリアフリー化や特別支援学校の教室不足解消に向けた取組等を推進する。特に、災害発生時の避難所として活用されることもある公立小・中学校施設のバリアフリー化やトイレの洋式化については、学校設置者の要望を踏まえて、必要な支援に努める。［9-（2）-5］
○ 障害のある幼児児童生徒の学校教育活動に伴う移動に係る支援の充実に努めるとともに、各地域における教育と福祉部局との連携を促す。［9-（2）-6］
○ 特別支援学校、特別支援学級、通級による指導を担当する教師については、特別支援教育に関する専門性が特に求められることに鑑み、特別支援学校教諭等免許状保有率の向上の推進を含め、専門性向上のための施策を進める。［9-（2）-7］

（3）高等教育における障害学生支援の推進
○ 大学等が提供する様々な機会において、障害のある学生が障害のない学生と平等に参加できるよう、授業等における情報保障やコミュニケーション上の配慮、教科書・教材に関する配慮等及び施設のバリアフリー化を促進する。［9-（3）-1］
○ 障害のある学生一人一人の個別のニーズを踏まえた建設的対話に基づく支援を促進するため、各大学等における相談窓口の統一や支援担当部署の設置、支援人材の養成・配置など、支援体制の整備や、大学間連携等の支援担当者間ネットワークの構築を推進する。［9-（3）-2］
○ 障害学生支援についての姿勢・方針、手続などに関する学内規程や、支援事例を大学ホームページで公表することを促進する。加えて、これらの学内規程や支援事例のガイダンスにおける学生への周知を促進する。［9-（3）-3］
○ 障害のある学生の就職を支援するため、学内の修学支援担当と就職支援担当、障害のある学生への支援を行う部署等の連携を図り、学外における、地域の労働・福祉機関等就職・定着支援を行う機関、就職先となる企業・団体等との連携やネットワークづくりを促進する。［9-（3）-4］
○ 障害のある学生の支援について理解促進・普及啓発を行うため、その基礎となる調査研究や様々な機会を通じた情報提供、教職員に対する研修等の充実を図る。［9-（3）-5］
○ 大学入試センター試験において実施されている障害のある受験者の配慮については、障害者一人一人のニーズに応じて、ICTの活用等により、より柔軟な対応に努めるとともに、高等学校及び大学関係者に対し、配慮の取組について、一層の周知を図る。［9-（3）-6］
○ 障害のある学生の能力・適性、学習の成果等を適切に評価するため、大学等の入試や単位認定等の試験における適切な配慮の実施を促進する。［9-（3）-7］
○ 大学等の入試における配慮の内容、施設のバリアフリー化の状況、学生に対する支援内容・支援体制、障害のある学生の受入れ実績等に関する大学等の情報公開を促進する。［9-（3）-8］

（4）生涯を通じた多様な学習活動の充実
○ 学校卒業後の障害者が社会で自立して生きるために必要となる力を生涯にわたり維持・開発・伸長するため、効果的な学習や支援の在り方等に関する研究や成果普及等を行い、障害者の各ライフステージにおける学びを支援する。このことを通じ、障害者の地域や社会への参加を促進し、共生社会の実現につなげる。［9-（4）-1］
○ 地域と学校の連携・協働の下、地域全体で子供たちの成長を支え、地域を創生する「地域学校協働活動」を、特別支援学校等を含めて全国的に推進し、障害のある子供たちの放課後や土曜日等の学習・体験プログラムの充実や、企業等の外部人材等の活用を促進する。［9-（4）-2］
○ 放送大学において、テレビ授業への字幕の付与や点字試験問題の作成など、障害のある学生への学習支援を一層充実する。［9-（4）-3］
○ 公共図書館、学校図書館における障害者の読書環境の整備を促進する。［9-（4）-4］
○ 障害者が生涯にわたり教育やスポーツ、文化などの様々な機会に親しむことができるよう、多様な学習活動を行う機会を提供・充実する。［9-（4）-5］

10.　文化芸術活動・スポーツ等の振興

【基本的考え方】

　全ての障害者の芸術及び文化活動への参加を通じて、障害者の生活を豊かにするとともに、国民の障害への理解と認識を深め、障害者の自立と社会参加の促進に寄与する。また、レクリエーション活動を通じて、障害者等の体力の増強や交流、余暇の充実等を図る。さらに、地域における障害者スポーツの一層の普及に努めるとともに、競技性の高い障害者スポーツにおけるアスリートの育成強化を図る。

（1）文化芸術活動、余暇・レクリエーション活動の充実に向けた社会環境の整備

○ 特別支援学校において、一流の文化芸術活動団体による実演芸術の公演や、芸術家の派遣により、特別支援学校の子供たちに対し質の高い文化芸術の鑑賞・体験等の機会を提供するとともに、小・中学校等の子供たちに、障害のある芸術家等を派遣し、文化芸術活動の機会の充実を図る。[10-（1）-1]

○ 障害者が地域において文化芸術活動に親しむことができる施設・設備の整備等を進めるとともに、障害者のニーズに応じた文化芸術活動に関する人材の養成、相談体制の整備、関係者のネットワークづくり等の取組を行い、障害の有無にかかわらず文化芸術活動を行うことのできる環境づくりに取り組む。特に、障害者の文化芸術活動に対する支援や、障害者の優れた芸術作品の展示等の推進を図る。[10-（1）-2]

○ 国立博物館、国立美術館、国立劇場等における文化芸術活動の公演、展示等において、字幕、音声案内サービスや触察資料の提供等、障害者のニーズを踏まえつつ、ユニバーサルデザインの理念に立った工夫・配慮が提供されるよう努める。[10-（1）-3]

○ 全ての障害者の芸術及び文化活動への参加を通じて障害者の生活を豊かにするとともに、国民の障害への理解と認識を深め、障害者の自立と社会参加の促進に寄与するため、障害者芸術・文化祭を開催し、障害者の文化芸術活動の普及を図る。また、民間団体等が行う文化芸術活動等に関する取組を支援する。[10-（1）-4]

○ 文化芸術振興費補助金において、聴覚障害者のためのバリアフリー字幕及び視覚障害者のための音声ガイド制作支援を行うことにより、我が国の映像芸術の普及・振興を図る。[10-（1）-5]

○ レクリエーション活動を通じて、障害者等の体力増強、交流、余暇活動等に資するため、各種レクリエーション教室や大会・運動会などを開催し、障害者等が地域社会における様々な活動に参加するための環境の整備や必要な支援を行う。[10-（1）-6]

（2）スポーツに親しめる環境の整備、パラリンピック等競技スポーツに係る取組の推進

○ 障害者が地域においてスポーツに親しむことができる施設・設備の整備等を進めるとともに、障害者のニーズに応じたスポーツに関する人材の養成及び活用の推進等の取組を行い、障害の有無にかかわらずスポーツを行うことのできる環境づくりに取り組む。

　その際、指導者になる障害者の増加や障害者自身のボランティアへの参画を図る。さらに、障害のない者も含む誰もが障害者スポーツ種目に親しめる機会をつくり、国を挙げてパラリンピック等の障害者スポーツの振興を図る。[10-（2）-1]

○ 全国障害者スポーツ大会の開催を通じて障害者スポーツの普及を図るとともに、民間団体等が行うスポーツ等に関する取組を支援する。特に、身体障害者や知的障害者に比べて普及が遅れている精神障害者のスポーツについて、精神障害者が参加できる競技大会の拡大も含め、引き続き振興に取り組む。[10-（2）-2]

○ パラリンピック競技大会、デフリンピック競技大会[48]、スペシャルオリンピックス世界大会[49]等への参加の支援等、スポーツ等における障害者の国内外の交流を支援するとともに、パラリンピック等の競技性の高い障害者スポーツにおけるアスリートの育成強化を図る。[10-（2）-3]

○ 2020年に全国の特別支援学校でスポーツ・文化・教育の全国的な祭典を開催することにより、2020年東京大会のレガシーとして地域の共生社会の拠点づくりを推進する。[10-（2）-4]

○ スポーツ施設のバリアフリー・ユニバーサルデザインについて、関連する基準や先進事例の情報提供等により、障害者の観戦のしやすさの向上を促進する。[10-（2）-5]

47 条約第24条において、「インクルーシブ教育システム」（inclusive education system、包容する教育制度）とは、人間の多様性の尊重等の強化、障害者が精神的及び身体的な能力等を可能な最大限度まで発達させ、自由な社会に効果的に参加することを可能とするとの目的の下、障害のある者と障害のない者が共に学ぶ仕組みとされている。

48 4年に一度行われる聴覚障害者の国際スポーツ大会であり、夏季大会と冬季大会が開催されている。

49 4年に一度行われる知的障害者の国際スポーツ大会であり、夏季大会と冬季大会が開催されている。

都道府県・政令指定都市教育委員会事務局一覧

都道府県 政令指定都市名	〒	所在地	電話
北海道	060-8544	札幌市中央区北 3 条西 7	011-231-4111 （代表）
札幌市	060-0002	札幌市中央区北 2 条西 2-15	011-211-3825 （総務）
青森県	030-8570	青森市長島 1 丁目 1-1	017-722-1111 （代表）
岩手県	020-8570	盛岡市内丸 10- 1	019-629-6108 （総務）
宮城県	980-8570	仙台市青葉区本町 3-8-1	022-211-3614 （総務）
仙台市	980-0011	仙台市青葉区上杉 1-5-12	022-214-8856 （総務）
秋田県	010-8580	秋田市山王 3-1-1	018-860-5111 （代表）
山形県	990-8570	山形市松波 2-8-1	023-630-2907 （総務）
福島県	960-8688	福島市杉妻町 2-16	024-521-1111 （代表）
茨城県	310-8588	水戸市笠原町 978-6	029-301-5114 （総務）
栃木県	320-8501	宇都宮市塙田 1-1-20	028-623-3354 （総務）
群馬県	371-8570	前橋市大手町 1-1-1	027-226-4521 （総務）
埼玉県	330-9301	さいたま市浦和区高砂 3-15-1	048-830-6615 （総務）
さいたま市	330-9588	さいたま市浦和区常盤 6-4-4	048-829-1623 （総務）
千葉県	260-8662	千葉市中央区市場町 1-1	043-223-4002 （総務）
千葉市	260-8730	千葉市中央区問屋町 1-35	043-245-5903 （総務）
東京都	163-8001	新宿区西新宿 2-8-1	03-5320-6718 （総務）
神奈川県	231-8509	横浜市中区日本大通 33	045-210-8020 （総務）
川崎市	210-0004	川崎市川崎区宮本町 6	044-200-3261 （総務）
横浜市	231-0017	横浜市中区港町 1-1	045-671-3240 （総務）
相模原市	252-5277	相模原市中央区中央 2-11-15	042-769-8280 （総務）
新潟県	950-8570	新潟市中央区新光町 4-1	025-280-5584 （総務）
新潟市	951-8550	新潟市中央区学校町通一番町 602-1	025-226-3149 （総務）
富山県	930-8501	富山市新総曲輪 1-7	076-444-3430 （教育企画）
石川県	920-8580	金沢市鞍月 1-1	076-225-1811 （庶務）
福井県	910-8580	福井市大手 3-17-1	077-620-0295 （教育政策）
山梨県	400-8504	甲府市丸の内 1-6-1	055-223-1741 （代表）
長野県	380-8570	長野市大字南長野字幅下 692-2	026-235-7421 （教育政策）
岐阜県	500-8570	岐阜市薮田南 2-1-1	058-272-8727 （総務）
静岡県	420-8601	静岡市葵区追手町 9-6	054-221-3675 （総務）
静岡市	424-8701	静岡市清水区旭町 6-8	054-354-2059 （総務）
浜松市	430-0929	浜松市中区中央 1-2-1	053-457-2401 （総務）
愛知県	460-8534	名古屋市中区三の丸 3-1-2	052-954-6757 （総務）
名古屋市	460-8508	名古屋市中区三の丸 3-1-1	052-972-3207 （総務）
三重県	514-8570	津市広明町 13	059-224-3173 （総務）
滋賀県	520-8577	大津市京町 4-1-1	077-528-4510 （総務）
京都府	602-8570	京都市上京区下立売通新町西入藪ノ内町	075-414-5751 （総務）
京都市	604-8161	京都市中京区烏丸通三条下ル饅頭屋町 595-3	075-222-3767 （代表）
大阪府	540-8571	大阪市中央区大手前 3-2-12	06-6944-6050 （総務）
大阪市	530-8201	大阪市北区中之島 1-3-20	06-6208-9071 （総務）
堺市	590-0078	堺市堺区南瓦町 3-1	072-228-7435 （総務）
兵庫県	650-8567	神戸市中央区下山手通 5-10-1	078-362-3736 （総務）
神戸市	650-0044	神戸市中央区東川崎町 1-3-3	078-984-0617 （総務）
奈良県	630-8501	奈良市登大路町 30	0742-27-9817 （総務）
和歌山県	640-8585	和歌山市小松原通 1-1	073-441-3640 （代表）
鳥取県	680-8570	鳥取市東町 1-271	085-726-7914 （総務）
島根県	690-8502	松江市殿町 1	085-222-5403 （総務）
岡山県	700-8570	岡山市北区内山下 2-4-6	086-226-7571 （教育政策）
岡山市	700-8544	岡山市北区大供 1-1-1	086-803-1571 （総務）
広島県	730-8514	広島市中区基町 9-42	082-513-4911 （総務）
広島市	730-8586	広島市中区国泰寺町 1-4-21	082-504-2463 （総務）
山口県	753-8501	山口市滝町 1-1	083-933-4510 （教育政策）
徳島県	770-8570	徳島市万代町 1-1	088-621-3115 （教育政策）
香川県	760-8582	高松市天神前 6-1	087-832-3733 （総務）
愛媛県	790-8570	松山市一番町 4-4-2	089-912-2920 （総務）
高知県	780-0850	高知市丸ノ内 1-7-52	088-821-4902 （代表）
福岡県	812-8577	福岡市博多区東公園 7-7	092-643-3857 （総務）
北九州市	803-8510	北九州市小倉北区大手町 1-1	093-582-2352 （総務）
福岡市	810-8621	福岡市中央区天神 1-8-1	092-711-4605 （総務）
佐賀県	840-8570	佐賀市城内 1-1-59	095-225-7398 （総務）
長崎県	850-8570	長崎市尾上町 3-1	095-894-3312 （総務）
熊本県	862-8609	熊本市中央区水前寺 6-18-1	096-333-2674 （教育政策）
熊本市	860-8601	熊本市中央区手取本町 1-1	096-328-2111 （総務）
大分県	870-8503	大分市府内町 3-10-1	097-536-1111 （代表）
宮崎県	880-8502	宮崎市橘通東 1-9-10	098-526-7233 （教育政策）
鹿児島県	890-8577	鹿児島市鴨池新町 10-1	099-286-5184 （総務）
沖縄県	900-8571	那覇市泉崎 1-2-2	098-866-2705 （総務）

都道府県社会福祉協議会一覧

都道府県社協名	〒	所在地	電話（代表）
北海道	060-0002	札幌市中央区北 2 条西 7-1 かでる 2.7 内	011-241-3976
青森県	030-0822	青森市中央 3-20-30 県民福祉プラザ内	017-723-1391
岩手県	020-0831	盛岡市三本柳 8 地割 1-3 ふれあいランド岩手内	019-637-4466
宮城県	980-0011	仙台市青葉区上杉 1-2-3 県自治会館内	022-225-8476
秋田県	010-0922	秋田市旭北栄町 1-5 県社会福祉会館内	018-864-2711
山形県	990-0021	山形市小白川町 2-3-31 県総合社会福祉センター内	023-622-5805
福島県	960-8141	福島市渡利字七社宮 111 県総合社会福祉センター内	024-523-1251
茨城県	310-8586	水戸市千波町 1918 県総合福祉会館内	029-241-1133
栃木県	320-8508	宇都宮市若草 1-10-6 とちぎ福祉プラザ内	028-622-0524
群馬県	371-8525	前橋市新前橋町 13-12 県社会福祉総合センター内	027-255-6033
埼玉県	330-8529	さいたま市浦和区針ヶ谷 4-2-65 彩の国すこやかプラザ内	048-822-1191
千葉県	260-8508	千葉市中央区千葉港 4-3 県社会福祉センター内	043-245-1101
東京都	162-8953	新宿区神楽河岸 1-1 セントラルプラザ内	03-3268-7171
神奈川県	221-0844	横浜市神奈川区沢渡 4-2 県社会福祉会館内	045-311-1422
新潟県	950-8575	新潟市中央区上所 2-2-2 新潟ユニゾンプラザ内	025-281-5520
山梨県	400-0005	甲府市北新 1-2-12 県福祉プラザ内	055-254-8610
長野県	380-0928	長野市若里 7-1-7 県社会福祉総合センター内	026-228-4244
静岡県	420-8670	静岡市葵区駿府町 1-70 県総合社会福祉会館シズウエル内	054-254-5248
富山県	930-0094	富山市安住町 5-21 県総合福祉会館サンシップとやま内	076-432-2958
石川県	920-8557	金沢市本多町 3-1-10 県社会福祉会館内	076-224-1212
福井県	910-8516	福井市光陽 2-3-22 県社会福祉センター内	0776-24-2339
岐阜県	500-8385	岐阜市下奈良 2-2-1 県福祉会館内	058-273-1111
愛知県	461-0011	名古屋市東区白壁 1-50 県社会福祉会館内	052-212-5500
三重県	514-8552	津市桜橋 2-131 県社会福祉会館内	059-227-5145
滋賀県	525-0072	草津市笠山 7-8-138 県立長寿社会福祉センター内	077-567-3920
京都府	604-0874	京都市中京区竹屋町通烏丸東入る清水町 375 ハートピア京都内	075-252-6291
大阪府	542-0065	大阪市中央区中寺 1-1-54 大阪社会福祉指導センター内	06-6762-9471
兵庫県	651-0062	神戸市中央区坂口通 2-1-1 県福祉センター内	078-242-4633
奈良県	634-0061	橿原市大久保町 320-11 県社会福祉総合センター内	0744-29-0100
和歌山県	640-8545	和歌山市手平 2-1-2 県民交流プラザ和歌山ビッグ愛内	073-435-5222
鳥取県	689-0201	鳥取市伏野 1729-5 県立福祉人材研修センター内	085-759-6331
島根県	690-0011	松江市東津田町 1741-3 いきいきプラザ島根内	085-232-5970
岡山県	700-0807	岡山市北区南方 2-13-1 きらめきプラザ内	086-226-2822
広島県	732-0816	広島市南区比治山本町 12-2 県社会福祉会館内	082-254-3411
山口県	753-0072	山口市大手町 9-6 ゆ～あいプラザ県社会福祉会館内	083-924-2777
徳島県	770-0943	徳島市中昭和町 1-2 県立総合福祉センター内	088-654-4461
香川県	760-0017	高松市番町 1-10-35 県社会福祉総合センター内	087-861-0545
愛媛県	790-8553	松山市持田町 3-8-15 県総合社会福祉会館内	089-921-8344
高知県	780-8567	高知市朝倉戊 375-1 県ふくし交流プラザ内	088-844-9007
福岡県	816-0804	春日市原町 3-1-7 県総合福祉センター内	092-584-3377
佐賀県	840-0021	佐賀市鬼丸町 7-18 県社会福祉会館内	0952-23-2145
長崎県	852-8555	長崎市茂里町 3-24 県総合福祉センター内	095-846-8600
熊本県	860-0842	熊本市中央区南千反畑町 3-7 県総合福祉センター内	096-324-5454
大分県	870-0907	大分市大津町 2-1-41 県総合社会福祉会館内	097-558-0300
宮崎県	880-8515	宮崎市原町 2-22 県福祉総合センタ　内	098-522-3145
鹿児島県	890-8517	鹿児島市鴨池新町 1-7 社会福祉センター内	099-257-3855
沖縄県	903-8603	那覇市首里石嶺町 4-373-1 県総合福祉センター内	098-887-2000

特別支援教育関係文部科学省著作指導書等一覧

① 学習指導要領解説			
書名	発行者	本体価格	発行年
特別支援学校幼稚部教育要領　小学部・中学部学習指導要領	海文堂出版	440 円	平成 30 年
特別支援学校教育要領・学習指導要領解説　総則編 （幼稚部・小学部・中学部）	開隆堂出版	343 円	平成 30 年
特別支援学校学習指導要領解説　各教科等編 （小学部・中学部）	開隆堂出版	501 円	平成 30 年
特別支援学校教育要領・学習指導要領解説　自立活動編 （幼稚部・小学部・中学部）	開隆堂出版	159 円	平成 30 年
特別支援学校　高等部学習指導要領	海文堂出版	1,200 円	令和元年

② 教科書指導書			
書名	発行者	本体価格	発行年
（特別支援学校（聴覚障害）用）			
国語科教科書指導書－聾学校小学部 1 年用	東山書房	1,262 円	平成 7 年
国語科教科書指導書－聾学校小学部 2 年用	慶應義塾大学出版会	1,311 円	平成 8 年
国語科教科書指導書－聾学校小学部 3 年用	教育出版	1,830 円	平成 9 年
国語科教科書解説－聾学校小学部 4 年生用	東京書籍	2,480 円	平成 15 年
国語科教科書解説－聾学校小学部 5 年生用	東京書籍	2,550 円	平成 15 年
国語科教科書解説－聾学校小学部 6 年生用	東京書籍	2,550 円	平成 15 年
聾学校中学部国語（言語編）教科書解説	東京書籍	2,050 円	平成 15 年
（特別支援学校（知的障害）用）			
こくご☆　こくご☆☆　こくご☆☆☆　教科書解説	教育出版	1,300 円	平成 23 年
さんすう☆　さんすう☆☆　さんすう☆☆☆　教科書解説	教育出版	1,260 円	平成 23 年
おんがく☆　おんがく☆☆　おんがく☆☆☆　教科書解説	東京書籍	2,546 円	平成 23 年
おんがく☆　教科書解説（伴奏編）	東京書籍	1,266 円	平成 23 年
おんがく☆☆　教科書解説（伴奏編）	東京書籍	1,299 円	平成 23 年
おんがく☆☆☆　教科書解説（伴奏編）	東京書籍	1,277 円	平成 23 年
国語☆☆☆☆　教科書解説	佐伯印刷	1,169 円	平成 24 年
数学☆☆☆☆　教科書解説	佐伯印刷	1,734 円	平成 24 年
音楽☆☆☆☆　教科書解説	東京書籍	1,559 円	平成 24 年
音楽☆☆☆☆　教科書解説（伴奏編）	東京書籍	2,490 円	平成 24 年

③ 手引書			
書名	発行者	本体価格	発行年
点字学習指導の手引（平成 15 年改訂版）	日本文教出版	1,372 円	平成 15 年
聴覚障害教育の手引 －多様なコミュニケーション手段とそれを活用した指導－	海文堂出版	874 円	平成 7 年
遊びの指導の手引	慶應義塾大学出版会	971 円	平成 5 年
日常生活の指導の手引（改訂版）	慶應義塾大学出版会	922 円	平成 6 年
改訂第 2 版　通級による指導の手引　解説とQ＆A	佐伯印刷	1,400 円	平成 24 年

④ その他			
書名	発行者	本体価格	発行年（月）
季刊特別支援教育	東洋館出版社	通常 680 円	3，6，9，12 月

・令和 2 年 1 月現在。
・②③④については、学習指導要領の改定に伴い、順次改訂が見込まれます。

ジアース教育新社　特別支援教育関連書籍

書 籍 名	発行年月	監修・編著者名	本体価格（円）	ISBN
知的障害教育のむかし今これから	1999年4月	大南英明	2,667	978-4-921124-02-1
視覚障害教育入門Q＆A	2000年9月	全国盲学校長会	1,905	978-4-921124-04-5
病弱教育Q＆A　PARTⅠ　病弱教育の道標	2002年8月	全国病弱養護学校長会	1,810	978-4-921124-05-2
肢体不自由教育実践講座	2002年11月	全国肢体不自由特別支援学校長会	1,762	978-4-921124-11-3
できることからはじめよう	2003年6月	東京都立中野養護学校PTA	1,429	978-4-921124-15-1
個別移行支援計画Q＆A　基礎編	2003年6月	東京都知的障害特別支援学校就業促進研究協議会	1,257	978-4-921124-16-8
障害のある子どものコミュニケーション	2003年6月	林友三	1,810	978-4-921124-17-5
広がれ地域活動　子どもたちの社会参加	2003年8月	全国知的障害特別支援学校長会	1,333	978-4-921124-19-9
病弱教育Q＆A　PARTⅤ 病弱教育の視点からの医学事典	2003年8月	西間三馨　横田雅史 全国病弱養護学校長会	6,000	978-4-921124-20-5
LD，ADHD，高機能自閉症への教育的対応	2004年1月	東京都立中野養護学校センター化事業プロジェクトチーム	2,000	978-4-921124-22-9
病弱教育Q＆A　PARTⅢ　教科指導編	2004年3月	横田雅史　全国病弱養護学校長会	1,810	978-4-921124-24-8
「拡大教科書」作成マニュアル	2005年1月	国立特別支援教育総合研究所	1,810	978-4-921124-34-2
ICF（国際生活機能分類）活用の試み	2005年4月	国立特別支援教育総合研究所	1,810	978-4-921124-37-3
コミュニケーション支援とバリアフリー	2005年6月	全国特別支援学校知的障害教育校長会	1,333	978-4-921124-46-5
障害の重い子どもの授業づくり 開く・支える・つなぐをキーワードに	2005年11月	飯野順子	2,286	978-4-921124-51-9
専門家の学校支援	2005年12月	専門家の学校支援編集委員会	2,286	978-4-921124-52-6
子どもの絵　よさをよみとる100事例	2006年6月	石川秀也	1,714	978-4-921124-56-4
君が笑顔になれるまで	2006年6月	徳丸洋子	1,810	978-4-921124-57-1
特別支援学校と地域のネットワーク みんなおいでよ♪　あきるのクラブ　休日・余暇活動の記録	2006年7月	東京都立あきる野学園養護学校PTA あきるのクラブ実行委員会	1,714	978-4-921124-60-1
生命の輝く教育を目指して 医療的ケアの課題に取り組んで、見えてきたこと	2006年8月	飯野順子	1,429	978-4-921124-61-8
障害の重い子どものコミュニケーション評価と目標設定	2006年8月	坂口しおり	1,238	978-4-921124-62-5
初級練習帳　THE点字習得テキスト	2006年9月	米谷忠男	857	978-4-921124-63-2
特別支援教育の未来を拓く　指導事例Navi 知的障害教育[2]　中学部編	2006年11月	全国特別支援学校知的障害教育校長会	1,524	978-4-921124-69-4
特別支援教育の未来を拓く　指導事例Navi 知的障害教育[3]　高等部編	2006年11月	全国特別支援学校知的障害教育校長会	1,619	978-4-921124-70-0
「障害のある子を守る」　防災＆防犯プロジェクト	2007年8月	中井孝吉	1,800	978-4-921124-75-5
ICF及びICF－CYの活用	2007年9月	国立特別支援教育総合研究所	1,700	978-4-921124-78-6
学校コンサルテーションを進めるためのガイドブック	2007年11月	国立特別支援教育総合研究所	1,300	978-4-921124-80-9
コミュニケーション支援入門	2007年12月	坂口しおり	1,200	978-4-921124-83-0
はじめての自閉症学級小学1年生	2008年1月	東京都立青鳥養護学校久我山分校自閉症教育プロジェクトチーム	2,300	978-4-921124-84-7
キャリアトレーニング事例集Ⅰ　ビルクリーニング編	2008年2月	全国特別支援学校知的障害教育校長会	1,800	978-4-921124-88-5
自立・社会参加を促す　寄宿舎教育ハンドブック	2008年2月	東京都立青鳥養護学校寄宿舎教育プロジェクトチーム	2,800	978-4-921124-89-2
肢体不自由、病弱・身体虚弱児教育のための　やさしい医学・生理学	2008年3月	竹田一則	1,700	978-4-921124-91-5
特別支援教育（知的障害・自閉症）における進路指導・支援	2008年4月	進路指導21研究会	1,800	978-4-921124-92-2
肢体不自由教育の理念と実践	2008年5月	筑波大学附属桐が丘特別支援学校	2,200	978-4-921124-93-9

書籍名	発行年月	監修・編著者名	本体価格（円）	ISBN
障害の重い子どもの授業づくり Part2 ボディイメージの形成からアイデンティティの確立へ	2008年9月	飯野順子	2,286	978-4-921124-97-7
子どもの発達と特別支援教育	2008年11月	渡邉健治　小池敏英 伊藤友彦　小笠原恵	1,200	978-4-86371-101-3
肢体不自由教育　授業の評価・改善に役立つQ＆Aと特色ある実践	2008年11月	国立特別支援教育総合研究所	1,500	978-4-86371-102-0
全国盲学校弁論大会弁論 47 話　生きるということ 鎖の輪が広がる	2008年11月	全国盲学校 PTA 連合会 他 編集協力	1,700	978-4-86371-103-7
知的障害や自閉症の人たちのための 見てわかるビジネスマナー集	2008年12月	「見てわかるビジネスマナー集」編集企画プロジェクト	1,500	978-4-86371-105-1
絵で見ることばと思考の発達	2009年3月	坂口しおり	1,200	978-4-86371-107-5
キャリアトレーニング事例集Ⅱ　事務サービス編	2009年3月	全国特別支援学校知的障害教育校長会	1,800	978-4-86371-109-9
発達支援と教材教具　子どもに学ぶ学習の系統性	2009年5月	立松英子	1,700	978-4-86371-111-2
発達障害支援グランドデザインの提案	2009年6月	国立特別支援教育総合研究所	2,700	978-4-86371-112-9
特別支援教育シリーズ1　特別支援教育へのチャレンジ	2009年9月	大南英明	1,500	978-4-86371-117-4
特別支援教育のための　かずの学習第1集 1〜10 までの数の理解	2009年9月	福岡特別支援教育研究会	2,600	978-4-86371-118-1
新しい個別の指導計画 e-iep　保護者中心の支援の輪	2009年9月	朝野浩 成田滋	1,700	978-4-86371-119-8
特別支援教育 Q&A　支援の視点と実際	2009年9月	全国特別支援学校知的障害教育校長会	2,200	978-4-86371-121-1
特別支援教育時代の保護者サポート	2009年11月	島治伸　上岡義典	900	978-4-86371-122-8
空への手紙1　病弱教育理解のために	2009年12月	福田素子　横田雅史	1,300	978-4-86371-124-2
広げよう放課後・休日活動 障害児が参加する放課後子どもプラン	2009年12月	東京学芸大学特別支援教育研究会	1,000	978-4-86371-125-9
お母さんが変われば子どもが変わる 気になる子どもと向きあう	2010年1月	中村雅彦	714	978-4-86371-126-6
明日から使える自閉症教育のポイント	2010年2月	筑波大学附属久里浜特別支援学校	2,095	978-4-86371-128-0
特別支援教育を推進するための　地域サポートブック	2010年3月	国立特別支援教育総合研究所	1,600	978-4-86371-130-3
キャリア教育の手引き　特別支援教育とキャリア発達	2010年6月	全国特別支援学校知的障害教育校長会	1,500	978-4-86371-131-0
キャリアトレーニング事例集Ⅲ　接客サービス編	2010年6月	全国特別支援学校知的障害教育校長会	1,800	978-4-86371-132-7
空への手紙2　病弱教育理解のために	2010年6月	福田素子　横田雅史	1,300	978-4-86371-134-1
指導・援助の基礎・基本 障害のある子供のコミュニケーション	2010年6月	林友三	2,400	978-4-86371-136-5
特別支援教育におけるATを活用した コミュニケーション支援	2010年6月	金森克浩	1,600	978-4-86371-138-9
特別支援教育のための　ことばの学習 第1集　絵日記を使ったことばの指導	2010年6月	福岡特別支援教育研究会	2,700	978-4-86371-139-6
障害のある子どもの教育相談マニュアル	2010年7月	国立特別支援教育総合研究所	1,500	978-4-86371-135-8
幼稚園・保育園における手引書 『個別の（教育）支援計画』の作成・活用	2010年7月	東京学芸大学特別支援 プロジェクト	600	978-4-86371-137-2
特別支援教育シリーズ2　学習指導要領と新しい試み	2010年8月	大南英明	1,500	978-4-86371-140-2
障害の重い子どもの授業づくり Part3 子どもが活動する「子ども主体」の授業を目指して	2010年11月	飯野順子	2,286	978-4-86371-144-0
私の学校経営観　ある特別支援学校長の軌跡	2010年12月	保坂博文	1,600	978-4-86371-145-7
特別支援教育充実のための　キャリア教育ガイドブック	2010年12月	国立特別支援教育総合研究所	2,200	978-4-86371-147-1
特別支援教育時代のコミュニケーション支援	2011年3月	島治伸　松本公志	900	978-4-86371-151-8
発達支援と教材教具Ⅱ　子どもに学ぶ行動の理由	2011年3月	立松英子	1,700	978-4-86371-152-5
障害学生支援入門　誰もが輝くキャンパスを	2011年5月	鳥山由子　竹田一則	1,800	978-4-86371-156-3
発達障害のある子どものための　たすくメソッド① 生活の基礎を身につける	2011年6月	齊藤宇開　渡邊倫	2,700	978-4-86371-157-0

書 籍 名	発行年月	監修・編著者名	本体価格（円）	ISBN
キャリアトレーニング事例集Ⅳ　福祉サービス編	2011年7月	全国特別支援学校知的障害教育校長会	1,800	978-4-86371-158-7
知的障害教育における学習評価の方法と実際	2011年7月	石塚謙二　全国特別支援学校知的障害教育校長会	1,500	978-4-86371-160-0
自閉症教育の歩みと今後の展望	2011年8月	野村東助　村田保太郎　大南英明　全国情緒障害教育研究会	2,000	978-4-86371-162-4
生活を豊かにするための姿勢づくり	2011年8月	松原豊　村上潤	2,286	978-4-86371-163-1
重度・重複障害児のコミュニケーション学習の実態把握と学習支援	2011年8月	小池敏英　雲井未歓　吉田友紀	1,600	978-4-86371-166-2
特別支援教育シリーズ3　特別支援教育の充実と展望	2011年9月	大南英明	1,500	978-4-86371-168-6
障害の重い子どもの授業づくり　Part4授業のデザイン力と実践的指導力のレベルアップのために	2011年11月	飯野順子	2,286	978-4-86371-172-3
障害の重い子どもの指導 Q&A自立活動を主とする教育課程	2011年11月	全国特別支援学校肢体不自由教育校長会	2,500	978-4-86371-173-0
学校のカタチ　[デュアルシステムとキャリア教育]	2011年12月	森脇勤	1,400	978-4-86371-174-7
あと少しの支援があれば　東日本大震災　障がい者の被災と避難の記録	2012年2月	中村雅彦	1,400	978-4-86371-176-1
知的障害教育の授業展開「まとめ」をきちんとすれば授業の効果が上がる	2012年2月	太田正己	1,600	978-4-86371-177-8
イギリス　特別なニーズ教育の新たな視点	2012年3月	メアリー・ウォーノック他	2,400	978-4-86371-179-2
病気の子どものガイドブック病弱教育における指導の進め方	2012年3月	全国特別支援学校病弱教育校長会　丹羽登	2,600	978-4-86371-180-8
特別支援学校におけるアシスティブ・テクノロジー活用ケースブック	2012年5月	国立特別支援教育総合研究所	1,800	978-4-86371-181-5
特別支援教育のチームアプローチポラリスをさがせ熊大式授業づくりシステムガイドブック	2012年3月	干川隆　熊本大学教育学部附属特別支援学校	1,400	978-4-86371-183-9
子ども・若者総合サポートシステム	2012年4月	古川聖登	1,800	978-4-86371-186-0
ダンスセラピーの理論と実践	2012年5月	日本ダンス・セラピー協会　平井タカネ	2,800	978-4-86371-187-7
特別支援学校のセンター的機能	2012年6月	柘植雅義　他	2,600	978-4-86371-189-1
特別支援教育充実のための　キャリア教育ケースブック	2012年6月	菊地一文	2,500	978-4-86371-190-7
特別支援学校　自立活動　わたしたちのうんどう	2012年7月	横浜市立中村特別支援学校	1,800	978-4-86371-191-4
発達障害のある子どものための　たすくメソッド②手を育てる	2012年7月	齊藤宇開　渡邊倫	2,700	978-4-86371-192-1
知的障害教育における専門性の向上と実際	2012年7月	石塚謙二　全国特別支援学校知的障害教育校長会	1,500	978-4-86371-193-8
高校で学ぶ発達障害のある生徒のための明日からの支援に向けて	2012年9月	小田浩伸　亀岡智美　大阪府教育委員会	1,600	978-4-86371-194-5
高校で学ぶ発達障害のある生徒のための共感からはじまる「わかる」授業づくり	2012年9月	小田浩伸　伊丹昌一　大阪府教育委員会	1,800	978-4-86371-195-2
安全・安心な場を創ろう　大規模災害の教訓を生かして	2012年9月	全国特別支援教育推進連盟	952	978-4-86371-199-0
包丁や火を使わない　ひとりでできちゃった！クッキング	2012年10月	竹中迪子　中里まっち　達直美	2,200	978-4-86371-202-7
この子と「ともに生きる」すばらしさ響きあうこころとコミュニケーション	2012年10月	後上鐵夫　小村宣子	1,800	978-4-86371-203-4
この子らしさを活かす支援ツール子どもの豊かな生活の実現をめざして	2012年11月	都築繁幸　愛知教育大学附属特別支援学校	2,200	978-4-86371-204-1
知的障害・発達障害の人たちのための見てわかる社会生活ガイド集	2013年1月	「見てわかる社会生活ガイド集」編集企画プロジェクト	2,000	978-4-86371-205-8
輝いて今をいきいきと早期からの発達相談と親・家族支援をすすめて	2012年11月	清水直治　日本ポーテージ協会	1,800	978-4-86371-206-5
障害児・者のいのちを守る　安心安全な場を創ろう	2012年12月	全国特別支援教育推進連盟	1,200	978-4-86371-208-9
キャリア教育の充実と障害者雇用のこれから特別支援学校における新たな進路指導	2013年6月	尾崎祐三　松矢勝宏	2,000	978-4-86371-209-6
特別支援教育におけるICFの活用Part3学びのニーズに応える確かな実践のために	2013年2月	国立特別支援教育総合研究所	2,500	978-4-86371-211-9
特別支援教育の学習指導案と授業研究	2013年2月	鹿児島大学教育学部附属特別支援学校	2,000	978-4-86371-213-3
教職を目指す若い人たちへ　特別支援教育への誘い	2013年3月	宮﨑英憲	1,600	978-4-86371-214-0

書　籍　名	発行年月	監修・編著者名	本体価格（円）	ISBN
地域支援ネットワークに支えられた特別支援教育	2013年4月	宮﨑英憲 福島県三春町立三春小学校	2,200	978-4-86371-217-1
わたしたちがはじめたコミュニティ・スクール	2013年4月	朝野浩　京都市立西総合支援学校 放課後活動「わくわくクラブ」	2,500	978-4-86371-218-8
「考える力」を育てる教育実践の探求	2013年5月	渡邉健治　障害児教育実践研究会	2,300	978-4-86371-219-5
特別支援教育の理解と推進のために	2013年5月	全国特別支援教育推進連盟	1,500	978-4-86371-221-8
障害の重い子の早期発達診断　新訂版	2013年5月	川村秀忠	2,300	978-4-86371-223-2
全特長ビジョン　共生社会の礎を築く―10の提言	2013年8月	全国特別支援学校長会	1,200	978-4-86371-226-3
「困り」解消！算数指導ガイドブック	2013年6月	小野寺基史　白石邦彦	2,200	978-4-86371-227-0
CD-BOOK　特別支援教育で使える歌の本 ともだちになろう！	2013年8月	西野茂	2,500	978-4-86371-228-7
知的障害特別支援学校の　キャリア教育の手引き 実践編　小中高の系統性のある実践	2013年8月	尾崎祐三　菊地一文　全国特別支援学校知的障害教育校長会	1,500	978-4-86371-231-7
3つのメモが特別支援教育の授業を変える	2013年8月	太田正己	1,600	978-4-86371-233-1
特別支援教育にかかわる養護教諭のための本	2013年8月	飯野順子　杉本健郎 北川末幾子　篠矢理恵	2,800	978-4-86371-234-8
意欲を育む授業　授業づくりの五つの視点	2013年10月	長澤正樹 新潟大学教育学部附属特別支援学校	1,700	978-4-86371-239-3
障害の重い子どもの授業づくり　Part5 キャリア発達をうながす授業づくり	2013年11月	飯野順子	2,200	978-4-86371-240-9
この子らしさを活かす支援ツール2	2013年11月	都築繁幸 愛知教育大学附属特別支援学校	2,200	978-4-86371-241-6
肢体不自由教育実践　授業力向上シリーズNo.1 学習指導の充実を目指して	2013年11月	分藤賢之　川間健之介　長沼俊夫　全国特別支援学校肢体不自由教育校長会	1,700	978-4-86371-243-0
特別支援教育のコツ　今、知りたい！ かかわる力・調整する力	2013年11月	静岡大学教育学部附属 特別支援学校	1,700	978-4-86371-244-7
インクルーシブ教育システム構築研修ガイド	2014年2月	国立特別支援教育総合研究所	1,800	978-4-86371-249-2
インクルーシブ教育システム構築に向けた 児童生徒への配慮・指導事例	2014年2月	国立特別支援教育総合研究所	1,700	978-4-86371-250-8
やさしい声と小さな笑顔 親子で取り組む・わたしたちのうんどう	2014年3月	横浜市立中村特別支援学校 保護者	700	978-4-86371-255-3
フィリアⅡ　介護等体験　ルールとマナー	2014年3月	全国特別支援学校長会	1,200	978-4-86371-257-7
聴覚障害児の話しことばを育てる	2014年3月	板橋安人	2,400	978-4-86371-258-4
戦後日本の特別支援教育と世相	2014年4月	渡邉健治　宮﨑英憲	2,600	978-4-86371-260-7
障害の重い子どもの知覚―運動学習 ―ふれあいあそび教材とその活用―	2014年6月	坂本茂　佐藤孝二　加藤裕美子 清水聡　向山勝郎　成田美恵子　武部綾子	2,300	978-4-86371-264-5
知的障害教育の本質	2014年6月	小出進	2,700	978-4-86371-268-3
発達障害・知的障害のある児童生徒の　豊かな自己理解を育むキャリア教育　内面世界を大切にした授業プログラム45	2014年7月	別府哲　小島道生　片岡美華	1,800	978-4-86371-270-6
【DVD】特別支援学校 自立活動　NMBPの実際 基礎編・附ISP	2014年7月	横浜市立中村特別支援学校	3,500	978-4-86371-272-0
特別支援教育のための　かずの学習　第2集 たし算とひき算	2014年8月	福岡特別支援教育研究会	2,700	978-4-86371-273-7
学び方を学ぶ　発達障害のある子どももみんな共に育つ ユニバーサルデザインな授業・集団づくりガイドブック	2014年7月	涌井恵	1,500	978-4-86371-274-4
知的障害教育における学力問題	2014年11月	渡邉健治　岩井雄一　丹羽登 半澤嘉博　中西郁	2,200	978-4-86371-280-5
ことばのまなび　【オンデマンド版】	2014年10月	福岡特別支援教育研究会	3,000	978-4-86371-283-6
特別支援学校（肢体不自由）における アシスティブ・テクノロジー活用のためのガイド〔ATG〕	2014年11月	国立特別支援教育総合研究所	1,800	978-4-86371-286-7
肢体不自由教育実践　授業力向上シリーズNo.2 解説 目標設定と学習評価	2014年11月	分藤賢之　川間健之介　長沼俊夫　全国特別支援学校肢体不自由教育校長会	1,800	978-4-86371-287-4
障害の重い子供のコミュニケーション指導 学習習得状況把握表（GSH）の活用	2014年11月	小池敏英　三室秀雄　神山寛　佐藤正一　雲井未歓	2,300	978-4-86371-288-1
キャリア発達支援研究1 キャリア発達支援の理論と実践の融合を目指して	2014年12月	キャリア発達支援研究会	1,800	978-4-86371-291-1
特別支援学校 自立活動　あたらしい わたしたちのうんどう	2015年1月	NMBP研究会	1,800	978-4-86371-296-6

書　籍　名	発行年月	監修・編著者名	本体価格（円）	ISBN
特別支援教育の基礎・基本　新訂版	2015年1月	国立特別支援教育総合研究所	2,700	978-4-86371-297-3
デュアルシステムの理論と実践　生徒一人一人のキャリア発達を大切にした学校づくり	2015年2月	宮崎英憲　千葉県立特別支援学校市川大野高等学園	2,200	978-4-86371-298-0
視覚障害教育入門―改訂版―	2015年3月	青柳まゆみ　鳥山由子	1,800	978-4-86371-300-0
発達支援と教材教具Ⅲ　子どもに学ぶ、学習上の困難への合理的配慮	2015年3月	立松英子	1,700	978-4-86371-303-1
新時代の知的障害特別支援学校の音楽指導	2015年3月	竹林地毅　全国特別支援学校知的障害教育校長会	1,500	978-4-86371-305-5
日本の手話・形で覚える手話入門	2015年5月	竹村茂　たかねきゃら	2,500	978-4-86371-308-6
小学校英語教育　―授業づくりのポイント―	2015年5月	高橋美由紀　柳善和	2,050	978-4-86371-309-3
通常学級 ユニバーサルデザイン	2015年6月	佐藤愼二	2,400	978-4-86371-312-3
発達障害のある学生支援ガイドブック【オンデマンド版】	2015年5月	国立特別支援教育総合研究所	1,800	978-4-86371-315-4
行動障害の理解と適切行動支援	2015年6月	英国行動障害支援協会　清水直治　ゲラ弘美	1,800	978-4-86371-316-1
知的障害・発達障害の人たちのための　マンガ版 ビジネスマナー集 鉄人就職物語	2015年7月	中尾佑次　青山均　　志賀利一 勝田臣一　江國泰介　渡邉一郎	1,500	978-4-86371-319-2
理学教育学　序説　はり師、きゅう師、あん摩マッサージ指圧師　教育学の構築	2015年8月	吉川恵士　日本鍼灸手技療法教育研究会 河井正隆　渡辺雅彦	2,700	978-4-86371-320-8
肢体不自由児・者と家族のための、おでかけマインド発信マガジン　よこはまist。	2015年7月	よこはま地域福祉研究センター	370	978-4-86371-321-5
発達が気になる乳・幼児の　こころ育て、ことば育て 子どもを育む話 100 選	2015年11月	有川宏幸	1,700	978-4-86371-326-0
障害の重い子どもの授業づくり　Part6 授業の質を高める授業改善 10 のポイント	2015年11月	飯野順子	2,200	978-4-86371-327-7
肢体不自由教育実践　授業力向上シリーズ No.3 解説 授業とカリキュラム・マネジメント	2015年11月	分藤賢之　川間健之介　長沼俊夫　全国特別支援学校肢体不自由教育校長会	1,800	978-4-86371-329-1
特別支援学校における学校組織マネジメントの実際	2015年11月	杉野学	2,500	978-4-86371-331-4
肢体不自由教育連携で困らないための　医療用語集	2015年11月	松元泰英	2,200	978-4-86371-332-1
病弱教育における各教科の指導	2015年11月	丹羽登 全国特別支援学校病弱教育校長会	2,000	978-4-86371-333-8
あたらしい　わたしたちのうんどう解説書 NMBP の理論と実際自立活動の方程式【改訂版】	2016年8月	横浜市立中村特別支援学校	2,200	978-4-86371-335-2
キャリア発達支援研究 2　キャリア発達を支援する教育の意義と共生社会の形成に向けた展望	2015年12月	キャリア発達支援研究会	1,800	978-4-86371-336-9
学校が変わる？授業が変わる？　「庄原式」授業づくり	2015年12月	広島県立庄原特別支援学校	2,400	978-4-86371-337-6
全国の特色ある 30 校の実践事例集「通級による指導」編	2016年1月	柘植雅義　小林玄 飯島知子　鳴海正也	2,200	978-4-86371-338-3
全国の特色ある 30 校の実践事例集「特別支援学級」編	2016年1月	柘植雅義　笹山龍太郎 川本眞一　杉本浩美	2,200	978-4-86371-339-0
知的障害特別支援学校の「家庭」指導	2015年12月	井上とも子　小川純子　全国特別支援学校知的障害教育校長会	1,500	978-4-86371-342-0
未来へとつなぐキャリア教育 愛知県肢体不自由特別支援学校 9 校の取組	2016年2月	愛知県肢体不自由教育研究協議会	1,500	978-4-86371-343-7
特別支援教育のための 分かって動けて学び合う授業デザイン	2016年1月	藤原義博　武藏博文 香川大学教育学部附属特別支援学校	1,800	978-4-86371-344-4
校内支援体制を築くために	2016年2月	全国特別支援教育推進連盟	1,500	978-4-86371-346-8
交流及び共同学習を進めるために	2016年2月	全国特別支援教育推進連盟	1,500	978-4-86371-347-5
発達障害のある子どものための　たすくメソッド③　アカデミック「国語」を学習する 読書、漢字かな交じり文	2016年2月	齊藤宇開　渡邉倫　大久保直子	2,500	978-4-86371-348-2
保護者と協力して子どもの改善したい行動を解決しよう‼ 教師のためのマニュアルブック	2016年2月	岡本邦広	2,000	978-4-86371-349-9
複数の障害種に対応する インクルーシブ教育時代の教員の専門性	2016年4月	高橋眞琴	2,300	978-4-86371-352-9
重度・重複障がいのある子どもたちとの人間関係の形成	2016年5月	高橋眞琴	2,200	978 4 86371 353 6
知的障がい教育と社会モデル　文化に根ざした教育を考える	2016年7月	高橋眞琴	2,500	978-4-86371-354-3
先生の気づきを引き出すコミュニケーション	2016年3月	岡村章司　宇野宏幸　谷芳恵 八乙女利恵　平田オリザ	1,800	978-4-86371-355-0

書籍名	発行年月	監修・編著者名	本体価格（円）	ISBN
自閉症教育実践マスターブック【オンデマンド版】	2016年5月	国立特別支援教育総合研究所	1,800	978-4-86371-362-8
参加　耳が聞こえないということ	2016年6月	平川美穂子	2,100	978-4-86371-365-9
知的障害・発達障害の人たちのための　見てわかる意思決定と意思決定支援　「自分で決める」を学ぶ本	2016年8月	志賀利一　渡邉一郎　青山均　江國泰介　勝田俊一	1,800	978-4-86371-368-0
知的障害・発達障害の教材・教具117（いいな）	2016年7月	三浦光哉	2,500	978-4-86371-369-7
見えない・見えにくい子供のための　歩行指導Q&A	2016年7月	青木隆一　全国盲学校長会	2,300	978-4-86371-370-3
決定版！　特別支援教育のためのタブレット活用	2016年8月	金森克浩	2,100	978-4-86371-371-0
ぱれっと（PALETTE）	2016年9月	国立特別支援教育総合研究所「ぱれっと（PALETTE）」作成チーム	2,500	978-4-86371-372-7
肢体不自由児・者と家族のための、おでかけマインド発信マガジン　せんだいist。	2016年8月	よこはま地域福祉研究センター	463	978-4-86371-373-4
知的障害特別支援学校での　摂食指導と言語指導	2016年10月	坂口しおり	1,400	978-4-86371-376-5
認知行動療法を生かした発達障害児・者への支援～就学前から就学時，就労まで～	2016年9月	佐々木和義　小関俊祐　石原廣保　池田浩之	2,400	978-4-86371-377-2
再考！「気になる子」保育者の気づきを深め、ニーズに応じた支援のために	2016年10月	馬場広充	1,500	978-4-86371-378-9
特別支援教育における地域のトップリーダーを考える	2016年10月	宇野宏幸　兵庫教育大学特別支援教育モデル研究開発室	2,300	978-4-86371-379-6
就活・就労のための　手話でわかるビジネスマナー　聴覚障害者と難聴のコミュニケーション	2016年9月	竹村茂　たかねきゃら	2,000	978-4-86371-380-2
肢体不自由のある子どもの教科指導Q&A～「見えにくさ・とらえにくさ」をふまえたたしかな実践～【オンデマンド版】	2016年9月	筑波大学附属桐が丘特別支援学校	2,000	978-4-86371-381-9
特別支援教育における肢体不自由教育の創造と展開2　「わかる」授業のための手だて【オンデマンド版】	2016年10月	筑波大学附属桐が丘特別支援学校	3,000	978-4-86371-382-6
障害学生支援入門―誰もが輝くキャンパスを―【オンデマンド版】	2016年9月	鳥山由子　竹田一則	2,200	978-4-86371-383-3
知的障害教育における学習評価の実践ガイド　学習評価の9実践事例を踏まえて	2016年9月	国立特別支援教育総合研究所	2,000	978-4-86371-384-0
自然法―聾児の言語指導法―	2016年10月	ミルドレッド・A・グロート　岡辰夫　齋藤佐和	2,400	978-4-86371-385-7
肢体不自由教育実践　授業力向上シリーズNo.4「アクティブ・ラーニング」の視点を生かした授業づくりを目指して	2016年11月	分藤賢之　川間健之介　長沼俊夫　全国特別支援学校肢体不自由教育校長会	1,800	978-4-86371-386-4
知的障害特別支援学校のICTを活用した授業づくり	2016年11月	金森克浩　全国特別支援学校知的障害教育校長会	1,800	978-4-86371-387-1
障害の重い子どもの授業づくり　Part7　絵本を活用した魅力ある授業づくり	2016年11月	飯野順子	2,200	978-4-86371-388-8
自立活動の理念と実践　実態把握から指導目標・内容の設定に至るプロセス	2016年12月	古川勝也　一木薫	2,200	978-4-86371-392-5
聴覚障害児の発音・発語指導―できることを、できるところから―	2017年2月	永野哲郎	2,500	978-4-86371-395-6
キャリア発達支援研究3　新たな教育への展望を踏まえたキャリア教育の役割と推進	2016年12月	キャリア発達支援研究会	1,800	978-4-86371-396-3
特別支援教育の未来を拓く　指導事例Navi　知的障害教育［1］小学部編【オンデマンド版】	2016年12月	全国知的障害養護学校長会	2,500	978-4-86371-398-7
視力0.06の世界　見えにくさのある眼で見るということ【オンデマンド版】	2017年1月	小林一弘	2,200	978-4-86371-401-4
5歳アプローチカリキュラムと小1スタートカリキュラム～小1プロブレムを予防する保幼小の接続カリキュラム～	2017年1月	三浦光哉	2,400	978-4-86371-402-1
介護現場のリーダーお助けブック	2017年2月	川村博子　漆澤恭子　古川繁子　根本曜子	1,700	978-4-86371-405-2
病気の子どもの教育支援ガイド	2017年3月	国立特別支援教育総合研究所	2,000	978-4-86371-406-9
特別支援学校のすべてがわかる　教員をめざすあなたへ	2017年3月	宮﨑英憲　全国特別支援学校長会	2,000	978-4-86371-407-6
教育オーディオロジーハンドブック　聴覚障害のある子どもたちの「きこえ」の補償と学習指導	2017年4月	大沼直紀　立入哉　中瀬浩一	2,500	978-4-86371-408-3
病弱教育Q&A　PARTIV　院内学級【オンデマンド版】	2017年3月	横田雅史　院内学級担任者の会	2,500	978-4-86371-409-0
病弱教育Q&A　PARTI　病弱教育の道標【オンデマンド版】	2017年3月	横田雅史　全国病弱養護学校長会	2,500	978-4-86371-410-6
障害のある子どもの教育相談マニュアル　はじめて教育相談を担当する人のために【オンデマンド版】	2017年3月	国立特別支援教育総合研究所	2,000	978-4-86371-411-3
コミュニケーション支援の世界　発達とインリアルの視点を取り入れて【オンデマンド版】	2017年3月	坂口しおり	2,000	978-4-86371-412-0

書　籍　名	発行年月	監修・編著者名	本体価格（円）	ISBN
保護者や地域の理解を進めるために	2017年5月	全国特別支援教育推進連盟	2,000	978-4-86371-414-4
中学校・高等学校　発達障害生徒への社会性指導―キャリア教育プログラムとその指導―	2017年5月	桑田良子	2,000	978-4-86371-415-1
職人技に学ぶ　気になる子を確実に伸ばす特別支援教育 通常学級における支援のコツ	2017年5月	田中克人	2,000	978-4-86371-416-8
「子どもが主人公」の保育 ―どの子も輝くインクルーシブな園生活づくり―	2017年5月	木下勝世	1,700	978-4-86371-417-5
発達障害のある児童・生徒のための　キャリア講座教材集	2017年6月	松為信雄 WingPRO 教材チーム	2,200	978-4-86371-425-0
知的障害特別支援学校の　未来志向の学校づくり	2017年6月	杉浦真理子	1,800	978-4-86371-427-4
知的障害教育における 生きる力と学力形成のための教科指導	2017年6月	渡邉健治　岩井雄一　半澤嘉博 明官茂　池本喜代正　丹羽登　　高橋浩平	2,000	978-4-86371-428-1
自閉症教育のあゆみと今後の展望 50年の歴史を振り返って	2017年7月	砥柄敬三　中村雅子 全国情緒障害教育研究会	2,000	978-4-86371-429-8
特別支援教育のアクティブ・ラーニング 「主体的・対話的で深い学び」の実現に向けた授業改善	2017年7月	三浦光哉	2,200	978-4-86371-430-4
特別支援学校　自立活動　見ながらできる NMBP 【動画教材・データ DVD】	2017年8月	横浜市立中村特別支援学校 NMBP 研究会	2,500	978-4-86371-431-1
肢体不自由児・者と家族のための、 おでかけマインド発信マガジン　とうきょう ist。	2017年8月	よこはま地域福祉研究センター	600	978-4-86371-434-2
職業学科3校合同研究実践事例集 地域と共に進めるキャリア発達支援	2017年8月	京都市立総合支援学校職業学科	1,800	978-4-86371-435-9
「困り」解消！　小学校英語ハンドブック	2017年9月	多田孝志　白石邦彦　末原久史	2,200	978-4-86371-436-6
「気になる」子ども　保護者にどう伝える？ 幼稚園・保育所・小学校の先生必携！	2017年9月	佐藤慎二	1,700	978-4-86371-437-3
視覚障害指導法の理論と実際―特別支援教育における視覚障害教育の専門性―【オンデマンド版】	2017年9月	鳥山由子	2,400	978-4-86371-438-0
「個別の教育支援計画」「個別の指導計画」の作成と活用	2019年3月	全国特別支援教育推進連盟	2,000	978-4-86371-439-7
高等学校における特別支援学校の分校・分教室 全国の実践事例 23	2017年10月	柘植雅義　小田浩伸 村野一臣　中川恵乃久	2,400	978-4-86371-440-3
肢体不自由教育における 子ども主体の子どもが輝く授業づくり	2017年11月	飯野順子	2,400	978-4-86371-441-0
授業で生きる知覚―運動学習 〜障害のある子どもの近くや認知の発達をうながす学習教材〜	2017年11月	川間健之介　坂本茂　佐藤孝二 清水聡　清野祥範　小泉清華	2,300	978-4-86371-442-7
肢体不自由教育実践 授業力向上シリーズ No. 5　思考力・判断力・表現力を育む授業	2017年11月	分藤賢之　川間健之介　北川貴章　全国 特別支援学校肢体不自由教育校長会	1,800	978-4-86371-443-4
新時代の知的障害特別支援学校の図画工作・美術の指導	2017年11月	本郷寛　全国特別支援学校知的 障害教育校長会	2,300	978-4-86371-444-1
キャリア発達支援研究　4「関係」によって気付く キャリア発達	2017年12月	キャリア発達支援研究会	2,000	978-4-86371-445-8
育成を目指す資質・能力を踏まえた教育課程の編成	2018年1月	国立特別支援教育総合研究所	2,200	978-4-86371-446-5
フィリア　新学習指導要領（平成29年公示）版	2018年1月	全国特別支援学校長会	1,300	978-4-86371-447-2
知的障害特別支援学校 実務ガイド	2018年2月	佐伯英明	1,700	978-4-86371-449-6
小学校・中学校 通常の学級の先生のための手引き書	2018年2月	国立特別支援教育総合研究所	1,500	978-4-86371-450-2
重度・重複障害児の造形活動	2018年2月	池田吏志	3,000	978-4-86371-451-9
ワークシートから始める特別支援教育のための性教育	2018年4月	松浦賢長 千葉県立柏特別支援学校　駒﨑亜里	2,800	978-4-86371-456-4
自閉症教育実践ケースブック【オンデマンド版】	2018年4月	国立特別支援教育総合研究所	1,800	978-4-86371-457-1
「共育」「特別支援教育」「大学連携」三つの視点で学力向上！	2018年3月	三浦光哉	1,700	978-4-86371-458-8
キャリアトレーニング事例集Ⅲ 接客サービス編 【オンデマンド版】	2018年4月	全国特別支援学校知的障害教育 校長会	2,300	978-4-86371-459-5
自閉症教育実践ガイドブック【オンデマンド版】	2018年5月	国立特別支援教育総合研究所	1,800	978-4-86371-460-1
目からウロコの重度重複障害児教育	2018年6月	松元泰英	2,200	978-4-86371-468-7
よくわかる！大学における障害学生支援	2018年6月	竹田一則	2,800	978-4-86371-469-4
アルファベットと英単語の覚え方	2018年7月	三浦光哉　佐竹絵理	3,000	978-4-86371-470-0

書籍名	発行年月	監修・編著者名	本体価格（円）	ISBN
通常の学級担任向け　個別の指導計画活用ワークショップ	2018年8月	名越斉子　尾﨑啓子　若林上総　加藤和子　神田佳明	1,700	978-4-86371-471-7
視覚障害教育入門 Q & A　新訂版	2018年9月	青木隆一　神尾裕治　全国盲学校長会	2,800	978-4-86371-472-4
enjoy ist。かながわ	2018年10月	enjoy ist。かながわ制作委員会	600	978-4-86371-477-9
知的障害特別支援学校の自立活動の指導	2018年11月	全国特別支援学校知的障害教育校長会	1,800	978-4-86371-479-3
子供が学びを深める授業　新学習指導要領で目指す授業づくりと発達障害通級指導の実践事例	2018年11月	新潟大学教育学部附属特別支援学校特別支援教育研究会	1,800	978-4-86371-480-9
肢体不自由教育における子ども主体の子どもが輝く授業づくり　2	2018年11月	飯野順子	2,600	978-4-86371-481-6
肢体不自由教育実践　授業力向上シリーズ No. 6 新学習指導要領に基づく授業づくり	2018年11月	菅野和彦　川間健之介　吉川知夫　全国特別支援学校肢体不自由教育校長会	1,800	978-4-86371-482-3
自閉症　過去・現在・未来	2019年1月	日本自閉症協会	2,000	978-4-86371-483-0
学級経営サポート Q&A	2018年11月	三浦光哉	2,000	978-4-86371-484-7
キャリア発達支援研究　5　未来をデザインし可能性を引き出すキャリア発達支援	2018年12月	キャリア発達支援研究会	1,900	978-4-86371-485-4
マンガでわかる手話と日本語のかけはし	2018年12月	竹村茂　たかねきゃら	1,700	978-4-86371-486-1
TTST　発達障害のある子供への対人関係トレーニングに取り組む教師を支援	2019年1月	宮田愛	1,900	978-4-86371-488-5
「知的障害のある子どもと共に学ぶ」を考える	2019年1月	国立特別支援教育総合研究所	2,000	978-4-86371-489-2
合理的配慮ハンドブック	2019年3月	日本学生支援機構	2,300	978-4-86371-492-2
標準「病弱児の教育」テキスト	2019年4月	日本育療学会　山本昌邦　島治伸　滝川国芳	1,800	978-4-86371-493-9
個別の教育支援計画に基づく個別移行支援計画の展開【オンデマンド版】	2019年6月	宮﨑英憲	2,500	978-4-86371-495-3
適切行動支援 PBS スタディパック	2019年6月	英国行動障害支援協会　清水直治　ゲラ弘美	2,700	978-4-86371-503-5
「各教科等を合わせた指導」エッセンシャルブック	2019年6月	名古屋恒彦	2,000	978-4-86371-504-2
特別支援教育の視点で考える新学習指導要領ポイントブック	2019年6月	宮﨑英憲　齋藤忍	1,700	978-4-86371-505-9
発達支援と教材教具　IV	2019年8月	立松英子	1,900	978-4-86371-506-6
特別支援教育のステップアップ指導方法 100	2019年7月	三浦光哉	2,000	978-4-86371-507-3
特別支援教育の工夫と実践	2019年8月	後上鐵夫　小林倫代	2,500	978-4-86371-508-0
教育・福祉関係者のための児童虐待と障害者虐待　基礎編	2019年8月	島治伸　藤田益伸　中原昌子	1,300	978-4-86371-511-0
知的障害特別支援学校の「主体的・対話的で深い学び」	2019年9月	吉田真理子	2,000	978-4-86371-512-7
「自立活動の指導」のデザインと展開	2019年9月	北川貴章　安藤隆男	2,100	978-4-86371-513-4
肢体不自由教育実践　授業力向上シリーズ No. 7 新学習指導要領に基づく授業づくり2	2019年11月	菅野和彦　川間健之介　下山直人　吉川知夫　全国特別支援学校肢体不自由教育校長会	1,800	978-4-86371-514-1
定時制・通信制課程における多様なニーズに応じた指導方法等の確立・普及のための調査研究	2019年11月	全国定時制通信制高等学校長会	2,000	978-4-86371-515-8
肢体不自由教育における　子ども主体の子どもが輝く授業づくり3	2019年11月	飯野順子	2,500	978-4-86371-516-5
知的障害・発達障害の人たちのための新・見てわかるビジネスマナー集	2020年1月	「新・見てわかるビジネスマナー集」企画編集委員会	1,800	978-4-86371-517-2
これからの特別支援教育の進路指導	2019年12月	宮﨑英憲　知的障害教育研究会	2,000	978-4-86371-518-9
キャリア発達支援研究　6　小・中学校等における多様な個のニーズに応じたキャリア教育	2019年12月	キャリア発達支援研究会	1,900	978-4-86371-519-6

謝　辞

　今回改訂した『新フィリア』では、障害のある子供の保護者、障害者に関わる関係団体、また当事者（特別支援学校の児童生徒）の思いを「Ⅴ　障害のある子供の保護者の声　当事者の声」として掲載させていただきました。掲載にあたり、原稿等を取りまとめていただいた下記団体の皆様へ、この場をお借りして厚く御礼申し上げます。

全国盲学校ＰＴＡ連合会

全国聾学校ＰＴＡ連合会

全国特別支援学校知的障害教育校ＰＴＡ連合会

全国肢体不自由特別支援学校ＰＴＡ連合会

全国病弱虚弱教育学校ＰＴＡ連合会

社会福祉法人 全国重症心身障害児（者）を守る会

全国視覚障害児（者）親の会

盲ろうの子とその家族の会　ふうわ

ＮＰＯ法人 全国ＬＤ親の会

一般社団法人 日本自閉症協会

全国手をつなぐ育成会連合会

公益社団法人 日本てんかん協会

一般社団法人 日本筋ジストロフィー協会

ＮＰＯ法人 全国ことばを育む会

一般社団法人 全国心臓病の子どもを守る会

公益財団法人 日本ダウン症協会

書名について

ギリシャ語：φιλία（philia）

意　　味：友愛・友情・親愛

英　語　訳：friendship

　「介護等体験特例法」制定の趣旨は、いじめや登校拒否など困難な課題を抱える教育の場で、これから活躍しようとする教員志願者が、高齢者や障害者に対する介護等の体験を自らの体験としてもち、またこの体験を教育活動観の相違を認められる心をもった人づくりの実現を進めようとするものです。

　この趣旨を表すとともに、障害者の理解を推進する意図を合わせもつものとして「フィリア」の言葉を使いました。

介護等体験ガイドブック

新フィリア

2020 年 2 月 10 日　初版第 1 刷発行
2024 年 11 月 1 日　2 版第 8 刷発行

編　　著　全国特別支援学校長会
　　　　　全国特別支援教育推進連盟

発 行 人　加藤 勝博
発 行 所　株式会社ジアース教育新社
　　　　　〒 101-0054　東京都千代田区神田錦町 1-23　宗保第 2 ビル
　　　　　TEL：03-5282-7183　FAX：03-5282-7892
　　　　　E-mail：info@kyoikushinsha.co.jp
　　　　　URL：https://www.kyoikushinsha.co.jp/

表紙デザイン　小笠原准子（アトム☆スタジオ）
表紙イラスト　大八木俊也
イラスト　フジタヒロミ
　　　　　佐藤英幸（I- フィールド）
DTP　株式会社彩流工房
印刷・製本　シナノ印刷株式会社

Printed in Japan
ISBN978-4-86371-522-6